Sylvaine Hinglais

Enseigner le français par des activités d'expression et de communication

RETZ
www.editions-retz.com
1, rue du Départ
75014 Paris

Sommaire

Avant-Propos

Pour qui et pour quoi ce recueil ?

Ce recueil s'adresse aux professeurs de français de collège et de lycée, aux professeurs de français langue étrangère, aux animateurs sociaux qui, d'une façon ou d'une autre, travaillent avec la langue française dans leurs ateliers.

Il est aujourd'hui admis que la rhétorique ne fait plus partie de notre formation. La difficulté à « parler » vis-à-vis d'un interlocuteur, ou d'un public, se rencontre par conséquent couramment. Et pourtant, c'est par la parole que nous entrons quotidiennement en relation, c'est par la parole que nous affirmons notre identité face aux autres et que sont révélés et jugés nos pensées, nos sentiments et notre créativité propres.

Les activités réunies ici permettent d'aborder la langue française sous différents éclairages pour la rendre plus familière. La prononciation, le vocabulaire, la grammaire deviennent matières à jouer, à communiquer, à inventer ensemble. Il ne s'agit plus seulement d'apprendre le français, mais de le faire vivre en situation, et d'en personnaliser l'approche.

Le contenu de ce recueil s'intègre en ce sens à toute forme d'enseignement qui met en jeu la rééducation ou l'apprentissage de la langue comme premier atout de l'expression de soi.

Présentation du recueil

Cet ouvrage se veut avant tout « pratique » : on y trouvera donc des exercices concrets et des propositions pour enseigner le français comme une langue vivante.

• Associer le geste à la parole

Pendant que nous sommes en train de parler, ou d'essayer de parler, notre corps « parle » aussi, et pas toujours à notre avantage. De même que le nez de Pinocchio trahit le mensonge, un tic du visage ou un geste de main embarrassé suffisent à révéler notre timidité, notre nervosité, ou le malaise qui nous prend lors d'une conversation.

Il est vrai que s'exprimer avec assurance implique, dans une certaine mesure, de rester en contrôle physiquement ; inversement, une bonne maîtrise du corps peut aider à bien s'exprimer. L'observation poussée plus loin montre même que les difficultés de diction vont souvent de pair avec une confusion gestuelle. Par conséquent, préciser le geste « consciemment » va dans le sens d'une amélioration sensible de la diction.

C'est à partir de là qu'ont été élaborées les différentes activités qui associent le geste à la parole. Les difficultés de diction ou de prononciation se sont ainsi bien souvent estompées grâce au travail simultané de l'articulation et de la gestuelle appropriée à chaque cas.

Notons bien que, dans ce type de pratique, le geste n'est pas là pour mimer ce qu'on dit. Il sert à détourner l'attention de la difficulté sur laquelle l'esprit bute, du souci de « bien dire », et, par un effet de transfert bénéfique, il permet souvent à la parole de se libérer. La gestuelle, dans ce cas, n'a donc aucun rapport avec ce qui est dit, et ne cherche pas à être expressive ; elle s'applique seulement à lever un obstacle d'ordre mental. Ainsi le fait de marcher, de gesticuler, de se gratter ou de nouer une écharpe en parlant, suffit parfois à faire sortir une ou plusieurs phrases d'un seul jet, alors que cela paraissait impossible dans un état d'immobilité et de concentration intense.

Pour donner d'autres exemples, une élocution fluide s'obtient plus facilement en faisant le geste de tourner une manivelle ; ou bien une phrase complexe s'énonce plus aisément en soulevant une chaise pour la changer de place, parce que l'effort physique fourni pour soulever la chaise fait oublier un instant la peur de « mal dire ». L'important est de trouver le mouvement juste ; celui qui va aider à formuler ce qui, pour une raison ou une autre, « n'arrive pas à sortir » de soi-même.

• Faire travailler le rythme

En ce qui concerne plus particulièrement la prononciation, le travail rythmique est primordial. Il suffit par exemple que les syllabes ne soient pas de longueur égale (plus longues seulement sous l'accent tonique) comme il est de règle en français, pour que l'articulation s'en ressente.

Travailler le rythme est instructif et amusant. Cela permet non seulement de corriger la prononciation dans bien des cas, mais aussi d'éduquer l'écoute et la mémoire, essentielles au bon apprentissage d'une langue.

Reproduire un rythme frappé dans les mains, comme répéter telle quelle une phrase qu'on vient d'entendre, n'est pas facile ; il est plus ardu encore de parler en frappant dans les mains le rythme de ses phrases. Il faut commencer lentement, par segments au besoin, pour arriver à la coordination nécessaire.

• Faire acquérir des réflexes

La « pratique réflexe » associe mouvement, rythme, parole et répétition systématique. Comme il est dit plus haut, bouger aide à s'exprimer. Rappelons aussi que répéter aide à apprendre.

En ce sens, un parallèle entre l'apprentissage d'une langue et celui d'un instrument de musique est significatif. La phrase verbale est une phrase musicale et, comme telle, elle renvoie à des références rythmiques et mélodiques que l'esprit enregistre progressivement. Pour assimiler ces références, écouter et répéter sont deux clés de première importance.

Lors de ce moment de pratique réflexe, il ne s'agit plus de réfléchir avant de parler, mais au contraire d'annihiler toute volonté de penser, pour réduire l'apprentissage au plus simple automatisme : *j'écoute, je répète*. C'est ce que font les jeunes enfants qui s'imprègnent de la langue maternelle en répétant des phrases entières, parfois sans y rien comprendre. Une phrase n'est plus une suite de mots, mais un enchaînement de « cellules rythmiques », de « blocs sonores » qui doivent être reproduits à l'identique, avec les gestes et les mimiques qui les accompagnent.

À un âge plus avancé, la spontanéité s'estompe au profit de la réflexion qui cherche à tout expliquer. Malheureusement, cette volonté de rationalisation devient un handicap à certaines étapes de l'apprentissage d'une langue. En effet, une grande partie des échanges verbaux à l'oral est faite de réflexes conditionnés. Par exemple, les salutations matinales, dans un même milieu, entre personnes du même âge, se feront avec des expressions convenues, selon un rythme et une intonation parfaitement stéréotypées. Et cette remarque pourrait s'étendre à la plupart des échanges quotidiens, dans toutes les cultures. Car il s'agit bien là d'habitudes mentales dont la langue se fait le miroir.

Parler, c'est à la fois se plier à une mentalité et à un code social fondés sur des stéréotypes. La pratique réflexe permet de travailler ce « code », qui exige une compréhension et une répartie immédiates. Elle tient une place de premier plan dans l'enseignement de la langue.

• Faire improviser

L'improvisation, qui sollicite la sensibilité et l'imaginaire, est un pendant à la pratique réflexe, élaborée pour mettre en place des automatismes verbaux. Trop souvent considérée uniquement comme un moment de jeu et de détente, cette activité peut aussi devenir un outil de travail linguistique efficace à condition de lui appliquer des consignes et des objectifs précis.

Pour ce qui est de l'apprentissage ou du perfectionnement de la langue française, l'intérêt pédagogique de l'improvisation dépendra de la manière d'exploiter la mise en situation des dialogues. Ce qui suppose, de la part de l'animateur ou du professeur, une attention soutenue pour prendre en notes les difficultés qui se présentent au cours des répliques improvisées. Les fautes commises « dans le feu de l'action » seront ensuite systématiquement reprises et discutées après chaque performance.

De son côté, l'improvisateur doit savoir que ses erreurs sont les bienvenues puis qu'elles seront la matière des corrections à venir et qu'elles conditionnent en ce sens ses progrès. Pour lui, l'important n'est pas de « bien parler », mais de formuler comme il peut les émotions et les sentiments éprouvés.

Dans cet esprit, l'improvisation devient réellement un instrument de travail. Moment privilégié d'écoute et d'échange, elle incite à la quête du mot juste, pour se donner les moyens de mieux dire.

• Encourager à mémoriser

Trop souvent, « parler » signifie s'en tenir à des formes syntaxiques simples, à des mots ressassés, aux stéréotypes enregistrés ici ou là en écoutant la radio ou la télévision. Mémoriser un texte, le dire par cœur, le mettre en mouvements permettent de développer considérablemer ses moyens d'expression. Car mémoriser revient à s'approprier texte par la mémoire, donc à intégrer de nouvelles formes d'expression, à se les approprier.

D'un point de vue pratique et pédagogique, le texte mémorisé permet une synthèse de toutes les activités rassemblées dans ce recueil : l'échauffement verbal et l'entraînement aux réflexes de l'oral se pratiquent de manière ludique sur des variantes de textes connus. L'improvisation revient aisément aux personnages des pièces apprises, en les transformant, en les confrontant à des situations nouvelles, en ajoutant à leurs répliques. Il est possible de jouer avec les mots appris, pour leur donner un autre sens, ou une autre raison d'être. Et ces mots, greffés sur de nouvelles idées, engendrent de nouveaux mots qui enrichissent l'expression de soi et du monde autour de soi. La mémoire devient ainsi un vivier où puiser l'inspiration de la parole. Cette nouvelle richesse motivera également l'écriture.

Mode d'emploi

Le choix à faire parmi les activités de ce recueil est laissé au gré de l'enseignant ou de l'animateur, selon les orientations de travail qu'il s'est fixé.

Cependant, un programme inspiré de ce type d'activités pourrait s'organiser en trois temps (dont la durée et le contenu sont modulables).

• Échauffement/Pratique réflexe

Quel que soit le public concerné, quels que soient le contexte et les besoins de l'apprentissage, les exercices d'échauffement et de pratique réflexe seront une bonne introduction à la séance. Quand le groupe aura bougé et que chacun aura commencé à prendre ses repères, les présentations se feront plus facilement.

• Improvisation

Dans un groupe déjà constitué, l'échauffement préparera aux improvisations, toujours suivies d'un moment réservé à la correction, qui est aussi un moment de concertation et d'échanges.

• Mémorisation

La mémorisation des textes, elle, peut s'effectuer en dernière partie de séance, après l'échauffement et l'improvisation. Mais comme il est dit dans la troisième partie de cet ouvrage à propos de la mémorisation, un texte appris par cœur peut aussi être utilisé au moment de l'échauffement, pour un travail de prononciation, de diction, d'intonation ; par la suite, il est également possible de s'inspirer d'un texte mémorisé pour improviser, et pour initier la production écrite.

CHAPITRE 1

Prélude à la communication orale

De même que la voix ne se dissocie pas du souffle, la parole ne se dissocie pas du mouvement (ne serait-ce que celui des lèvres), et, dans les relations sociales, chaque culture codifie le geste à l'égal des mots. Le travail d'une langue passe donc par une prise de conscience physique du rythme, de la mélodie, des accents toniques, des sonorités qui caractérisent cette langue. Et cela signifie écouter la voix résonner dans le corps, s'initier à scander un texte, apprendre à moduler ou à chanter une phrase pour lui donner un sens.

Apprendre à « bien parler », c'est toucher ainsi aux mondes de la musique et du théâtre.

L'échauffement physique et verbal

REMARQUE

Les activités proposées ici se pratiquent de préférence debout, en cercle, et suivant une dynamique soutenue. Aucun ordre n'est imposé par la présentation des activités de ce chapitre. Le choix sera effectué selon les besoins et les possibilités des apprenants.

OBJECTIFS GÉNÉRAUX

– Améliorer la diction, la prononciation.
– Consolider le sens du rythme et de la mélodie caractérisant la langue, grâce à une implication du corps.

EXERCICE 1

L'ÉCHAUFFEMENT PHYSIQUE ET VERBAL

Avec les voyelles

OBJECTIFS PARTICULIERS

– Développer son « oreille intérieure » pour entendre le son que l'on produit, et être capable de le corriger.
– Coordonner le geste et le souffle.
– Prendre conscience de l'importance de l'intonation et du rythme dans l'expression.

CONSEIL

Il convient avant tout de se mettre d'accord sur l'ordre dans lequel on va enchaîner les voyelles : A, E, I, O, U, par exemple.

1 *Dessiner les voyelles dans l'espace*

Les participants sont debout, en cercle. À tour de rôle, chacun des participants va prononcer une voyelle en la dessinant du bout du doigt, en grand format, dans l'espace. Le dessin de la voyelle choisie doit être le plus grand possible, obligeant à monter sur la pointe des pieds et à plier les genoux pour la cerner tout entière.

Le son de la voyelle choisie ne doit pas s'interrompre avant que la graphie dans l'espace soit terminée. Il se prolonge donc aussi longtemps que dure le dessin. On insistera sur la nécessité de bien inspirer avant de se lancer.

Un enchaînement de voyelles s'opère : dès que le premier participant a fini avec la voyelle A, il s'immobilise ; le second participant se met à faire sonner et à dessiner la voyelle E ; dès qu'il a fini, le participant suivant enchaîne alors avec la voyelle I, et ainsi de suite, jusqu'à ce que le son et le geste dans l'espace soient bien coordonnés.

2 *Bouger avec le son*

ÉTAPE 1 Debout et en cercle, les participants prononcent à tour de rôle une voyelle (le premier dit « A », le second « E », le troisième « I », le quatrième « O », le cinquième « U », le sixième « A », le septième « E », etc.) en essayant d'arriver à un rythme ininterrompu

ÉTAPE 2 Quand l'enchaînement des voyelles fonctionne bien, on ajoute un geste sur chacune des voyelles.

EXEMPLE Celui qui dit « A » lève le bras et reste le bras levé pendant que les autres enchaînent les voyelles suivantes, et se figent à leur tour, chacun dans une attitude différente. Aucun participant n'a le droit de bouger avant que le tour de prononcer une nouvelle voyelle ne lui revienne.
Autres exemples de gestes en accompagnement des voyelles : celui qui dit « E » lève un pied et reste ainsi jusqu'au prochain tour, celui qui dit « I » s'accroupit, etc.
Les participants vont donc enchaîner les cinq voyelles choisies en les accompagnant d'un geste précis, dans lequel ils se figent, un peu comme des automates. Le rythme de cet exercice doit être le plus rapide possible.

3 *Varier les intonations*

Debout et en cercle, chacun des participants prononce, à tour de rôle, une voyelle sur une intonation particulière, en s'aidant d'un geste expressif. Les voyelles exclamatives doivent s'enchaîner rapidement pour générer une dynamique dans le groupe.
Grâce à cet exercice, on entre en communication : les participants peuvent s'adresser à leur voisin en s'exclamant avec leur voyelle. Au geste expressif de surprise, de doute, de peur, s'ajoute le regard vers l'autre au moment où on s'adresse à lui.

EXEMPLE A ! (surprise) E ! (doute) I ! (peur) O ! (admiration) U ! (indignation).
« Ah ! » *crie Marie en montrant à Pierre une tache sur son pull.*

Et aussitôt Pierre se tourne vers Robert en s'exclamant : « Euh ! » *d'un air dégoûté, avec une main sur la bouche.*

Robert réagit en criant : « Hi » *et en levant les bras dans un geste de terreur. Son voisin lance un* « Oh ! » *avec un geste de suffisance, etc.*

4 *Dialoguer avec les voyelles*

Les participants se divisent en petits groupes de deux ou trois pour imaginer un dialogue à partir des voyelles : par exemple, ils se rencontrent, se disent bonjour, se posent des questions, mais ne prononcent que des sons vocaliques pour s'exprimer. Seuls le rythme et les intonations servent à faire comprendre le fond du discours.

EXEMPLE «Bonjour ! Comment ça va ?» donne rythmiquement 2 temps *(bon-/jour)*, suivi de 4 temps avec montée de la voix en fin de question *(Co/mment/ça/va ?)*.

Ce qui donne avec cet exercice : «A/E !» (les 2 temps de *bon/jour*), «I/I/O/U ?» (les 4 temps de *co/mment/ça/va*) et l'autre répond à sa guise, également avec des voyelles qu'il peut choisir au hasard, mais en restant attentif à la justesse rythmique et intonative.

Après un temps de préparation d'une dizaine de minutes, les conversations peuvent se jouer à deux devant le groupe réuni, qui essaiera de deviner de quoi il s'agit entre les personnages (exemples : une mère gronde son enfant, un couple se dispute, un policier arrête un pickpocket, etc.).

EXERCICE 2 L'ÉCHAUFFEMENT PHYSIQUE ET VERBAL

Avec les cris d'animaux et les onomatopées

OBJECTIFS PARTICULIERS

– Travailler l'articulation à travers l'étude des diphtongues et des nasales.
– Mettre en valeur la mimique.

CONSEIL

Se mettre d'accord sur les cris d'animaux *en français,* puisque les onomatopées de ces cris diffèrent selon les pays.

1 *Bien articuler*

ÉTAPE 1 Debout et en cercle, les participants se font passer un cri d'animal, de personne en personne, en forçant exagérément le mouvement de la bouche (choisir « miaou » ou bien « ouah ! ouah ! », ou bien « cocorico », etc.).

EXEMPLE Pour « mi-a-ou ! » : tirer les lèvres sur « mi », ouvrir grand la bouche sur « a » et avancer les lèvres loin en avant sur « ou ».

ÉTAPE 2 Au deuxième tour de cercle, on ajoute trois gestes pour accompagner les trois mouvements de la bouche.

EXEMPLE Pour « mi », on tire les lèvres et on allonge à deux mains de grandes moustaches imaginaires sous son nez ; pour « a », on ouvre grand la bouche et les bras ; pour « ou », on avance les lèvres et on fait un saut en avant.

2 *Bien prononcer les nasales*

ÉTAPE 1 Les participants, debout et en cercle, vont enchaîner, l'un après l'autre, le cri du canard (« coin-coin » ou « cancan »), le ronronnement du chat (« ronron ») ou le braiment de l'âne (« hi-han »), etc.

L'effort de prononciation portera sur la nasale qui devra être allongée et répétée pour bien se faire entendre.

EXEMPLE Si l'on travaille sur le braiment de l'âne, il sera répété plusieurs fois d'affilée avec un accent tonique très évident sur « han ».

ÉTAPE 2 Des gestes mimant l'animal évoqué (par exemple, une ruade, un coup de tête, une galopade…) pourront être associés au son.

ÉTAPE 3 Des dialogues d'animaux pourront s'instaurer entre les participants.

EXEMPLE Un âne rencontre un canard, et tous deux se racontent leur dernier week-end, en utilisant seulement l'onomatopée qui leur revient (suivre les consignes indiquées plus haut dans « Dialoguer avec les voyelles », mais en remplaçant les sons vocaliques par des cris d'animaux.

3 *Bien prononcer les consonnes*

ÉTAPE 1 Sélectionner avec les participants un certain nombre d'onomatopées imitant les bruits, comme PAF ! PAN PAN ! VLAN ! BOUM ! PLOUF ! SCRATCH ! TIC-TAC ! PATATRAS ! CRAC ! OUF !...

ÉTAPE 2 Les participants se divisent en groupes de 3 (ou 4). L'un des groupes sera désigné comme le groupe meneur.

Les 3 participants du groupe meneur choisiront chacun une onomatopée, et ils les enchaîneront sur un rythme précis.

EXEMPLE Dans le groupe meneur, le premier participant dit : « PIF ! » ; le second enchaîne « BING ! BING ! BANG ! » et le troisième « VLAN VLAN » ; le premier reprend alors tout de suite. On écoute plusieurs fois l'enchaînement « PIF !/BING ! BING ! BANG !/VLAN VLAN ! ».

Quand le modèle est assimilé, les autres groupes, l'un après l'autre, imitent le plus parfaitement possible le modèle phonétique et rythmique donné par le groupe meneur.

ÉTAPE 3 Les meneurs ajoutent un geste à chacune de leurs onomatopées ; dans ce cas, l'imitation reproduira les sons, les rythmes et les gestes.

EXERCICE 3 — L'ÉCHAUFFEMENT PHYSIQUE ET VERBAL

À partir d'une lecture à haute voix

OBJECTIF PARTICULIER

Travailler la voix et la diction tout en s'exerçant à lire, de manière fluide et expressive, face à des auditeurs.

CONSEILS

- Choisir des textes qui conviennent à l'oral.
- Encourager le lecteur ou la lectrice à lire à voix haute et claire, en articulant le plus distinctement possible, sans précipitation.

1 *Démarche de base*

ÉTAPE 1 Tous les participants lisent le texte à voix basse, chacun pour soi, en essayant d'entendre le texte dans leur tête. Si besoin est, les participants posent des questions sur les mots ou expressions qu'ils n'ont pas compris.

ÉTAPE 2 Le professeur (ou animateur) lit le texte à haute voix, sans précipitation, en insistant sur les liaisons, les accents toniques, les respirations.

ÉTAPE 3 Les participants se regroupent par 2 ou 3, et s'entraînent à la lecture à haute voix ; ils peuvent se partager le texte et préparer ainsi une lecture à plusieurs voix. Le professeur (ou animateur) passe dans les groupes pour écouter et parfois corriger les lecteurs.

ÉTAPE 4 La lecture se fait, par 2 ou 3 debout devant les auditeurs ; mais la consigne donnée au public est de déranger les lecteurs ; c'est-à-dire que, pendant la lecture, les auditeurs interviennent : ils font des remarques à haute voix, interpellent le(s) lecteur(s), posent des questions, etc.

Ces interventions ne visent pas au chahut général, mais elles forcent le lecteur à lever les yeux de son papier, à s'interrompre et à reprendre en veillant à ne pas être décontenancé.

La lecture, papier en main, doit pouvoir s'écouter comme un discours spontané dont les intonations sont naturelles et aisées.

2 *Avec un poème de Baudelaire*

Ma femme est morte, je suis libre !
Je puis donc boire tout mon soûl.
Lorsque je rentrais sans un sou
Ses cris me déchiraient la fibre.

Autant qu'un roi, je suis heureux ;
L'air est pur, le ciel admirable...
Nous avions un été semblable
Lorsque j'en devins amoureux !

[...]

C. Baudelaire, « Le Vin de l'assassin »,
Les Fleurs du mal, Gallimard, « La Pléiade », 1961

ÉTAPE 1 Tous les participants lisent le texte en silence.

ÉTAPE 2 Chacun s'exprime pour poser des questions ou faire part des réflexions que lui inspirent ce poème. C'est le moment de s'interroger sur la signification de ce texte. C'est aussi le moment d'insister sur les différents états d'âme par lesquels passe l'assassin.

La lecture devra être riche d'intonations expressives et nuancées pour rendre ces états d'âme : la jubilation, le ressentiment, le contentement de soi, le regret, la culpabilité, puis peu à peu l'abattement et le désarroi, etc.

ÉTAPE 3 Le texte est lu à haute voix par le professeur ou l'animateur qui s'arrête au besoin sur les difficultés phonétiques et les fait travailler ponctuellement. Si possible, les nuances expressives seront déjà mises en relief.

ÉTAPE 4 Les participants s'associent par 2 pour s'exercer à la lecture du texte, en travaillant la clarté de l'élocution et les nuances des intonations.

ÉTAPE 5 Dans chaque duo, l'un des participants se désigne comme *lecteur*, l'autre comme *commentateur*.

Le lecteur adressera les paroles de l'assassin au commentateur, qui écoutera et interviendra, au fur et à mesure de la lecture du texte, pour faire des remarques personnelles. On peut imaginer qu'il joue, en quelque sorte, le rôle de confident de l'assassin.

Cette petite représentation à deux voix se fait en public, devant les participants réunis. La personne jouant l'assassin commence à lire en s'adressant au confident avec le plus grand naturel possible. Le confident, pour sa part, a le droit de dire à haute voix tout ce qu'il pense des propos de l'assassin. Il profite de la moindre interruption dans la lecture pour s'adresser au public ou à l'assassin et faire des remarques spontanées. L'assassin (le lecteur), lui, s'en tient à son texte, sans se laisser désarçonner par ce que dit le confident, et sans prendre en compte ses remarques.

Les interventions du confident sont là pour aider le lecteur à dire son texte en travaillant la fluidité et l'expressivité de sa lecture. Pendant ces interruptions, celui-ci lèvera les yeux de son papier, fera des mimiques, et sera obligé de se détendre. Le rôle du confident est donc de lui faire oublier qu'il est en train de lire…

ÉTAPE 6 Après la lecture et les applaudissements toujours bienvenus des auditeurs, le professeur (ou animateur) reviendra sur les aspects positifs de la prestation et corrigera à chaud les erreurs et les faiblesses qu'il aura notées au passage. Au besoin, il fera relire les phrases qui auront été mal perçues.

Puis se présentera un autre duo « assassin/confident » qui fera l'exercice à son tour.

EXEMPLE Extrait d'une lecture librement commentée :

l'assassin : Ma femme est morte, je suis libre !

Le confident : Quoi ? Ta femme est morte ? Mais qu'est-ce qui s'est passé ?

L'assassin : Je puis donc boire tout mon soûl.

Le confident : Eh bien, bois, si ça te console !

L'assassin : Quand je rentrais sans un sou, ses cris me déchiraient la fibre.

Le confident : Ah je comprends. Elle était vraiment pénible !

L'assassin : Autant qu'un roi, je suis heureux.

Le confident : Tant mieux pour toi.

L'assassin : L'air est pur, le ciel admirable…

Le confident : C'est vrai, il ne pleut pas aujourd'hui.

Etc.

3 *Une lecture d'interview*

L'interview est excellente pour travailler la lecture à haute voix puisqu'elle met en scène un échange verbal. Le texte est avant tout une transcription de l'oral. Il faut donc s'efforcer de le lire en respectant les intonations expressives de l'oral.

Si l'interview met en scène un journaliste et une vedette de cinéma, par exemple, on peut décider que le journaliste aura le droit d'encourager la vedette, au moment où celle-ci lit ses réponses en l'interrompant pour dire à tout moment : « C'est ça », « Mais oui parfaitement », « Nous l'avions tous compris » et autres stéréotypes (s'inspirer des présentateurs de la télévision ou de la radio).

Quand le journaliste lit ses questions, le public peut aussi intervenir en s'écriant par exemple : « Bien dit ! » ou « Continue, tu m'intéresses ! » ou « Il parle bien celui-là ! », etc.

Quel que soit le texte choisi pour la lecture à haute voix, la consigne reste de « perturber » le lecteur afin que, au lieu de « faire sonner » artificiellement des mots écrits, dans un contexte de mutisme et de silence, il les intègre à un milieu sonore et animé qui leur donne vie.

La « pratique réflexe »

REMARQUES

La pratique réflexe consiste à travailler la langue par le « circuit direct » qui mène de la pensée à sa formulation immédiate, et permet de parler spontanément, sans avoir à analyser, décoder, traduire, ou visualiser graphiquement les phrases.

Il est déconseillé d'écrire les phrases au tableau avant qu'elles aient été enregistrées par l'oreille et répétées jusqu'à obtenir une élocution réflexe compréhensible. L'écrit, en effet, renvoie à la part analytique et rationnelle de l'apprentissage.

Pour comprendre l'objectif de la pratique réflexe, il suffit de s'imaginer touchant la porte d'un four brûlant. On ne pense pas « C'est chaud, il faut que je retire mon doigt », mais on réagit sans réfléchir : on retire son doigt immédiatement. De même répondra-t-on sans réfléchir, dans sa langue maternelle, à une question comme « Ça va ? » ou « Vous habitez loin ? » Ces automatismes verbaux s'étendent à de nombreuses situations d'oral.

OBJECTIFS GÉNÉRAUX

- Sensibiliser l'apprenant au rythme et à l'intonation du discours.
- L'entraîner à capter un message instantanément ; le détacher du besoin d'analyse ou de traduction.
- L'encourager à la répartie immédiate.

EXERCICE 1 — LA « PRATIQUE RÉFLEXE »

Le rythme

OBJECTIF PARTICULIER

Apprendre à mémoriser et à répéter instantanément.

CONSEIL

La pratique rythmique est à aborder comme une étape préparatoire à la pratique réflexe verbale, plus complexe.

1 *Reproduire un rythme*

Les participants sont debout, en cercle.

ÉTAPE 1 Un participant propose, en frappant dans ses mains, un rythme que les autres répètent tour à tour.

ÉTAPE 2 Quand ce rythme est bien assimilé par tout le monde, on le complexifie un peu. Aux frappés des mains s'ajoutent des frappés des pieds. Par exemple, 2 temps rapides avec les mains, 3 temps plus lents avec les pieds. Ce rythme doit être répété par chacun tour à tour.

ÉTAPE 3 Pour compliquer encore, le modèle devient : 2 temps rapides avec les mains + 3 temps plus lents avec les pieds + 1 temps lent + 2 rapides avec les mains, par exemple. Ce qui compte c'est que le rythme donné soit répété immédiatement et avec une grande exactitude par chacun des participants.

2 *Mêler rythme et voix*

Les participants sont debout, en cercle.

L'un des participants propose un motif rythmique répété 2 fois : 2 temps rapides avec les mains, 1 son vocal (par exemple l'exclamation « ah ! »), 3 temps lents avec les pieds. Chaque membre du cercle enchaîne, à tour de rôle. Quand le modèle est bien assimilé, il peut être repris par tout le groupe ensemble et répété plusieurs fois de suite.

Cet exercice peut également se pratiquer sur des sons vocaux uniquement.

EXEMPLE « Ah ! ah ! » (2 temps rapides) « oh ! oh ! oh » ! (3 temps lents) « uuuuuuuu » (son prolongé) en jouant sur l'opposition des sons courts et des sons prolongés.

Dans ce cas, il sera profitable de faire ajouter un geste précis pour chaque cellule rythmique : deux pas sur « ah ! ah ! », lever les bras sur « oh ! oh ! oh ! », incliner la tête à droite sur « u u u ».

3 *« Coller » une phrase sur un rythme*

Les participants sont debout, en cercle.

ÉTAPE 1 Un rythme simple est donné et répété à tour de rôle en frappant dans les mains. Par exemple : 3 temps, une pause, un temps.

ÉTAPE 2 Quand le rythme a été frappé et assimilé par chacun des participants, ajouter une courte phrase qui colle au rythme. Par exemple :

« Qu'est-ce	/que/	tu/	(une pause)	/dis ?
= un temps	= un temps	= un temps	= une pause	= un temps

La phrase est donnée en même temps que le rythme est battu dans les mains. L'intonation de la question est respectée. La phrase rythmée de cette manière sera répétée systématiquement à tour de rôle.

ÉTAPE 3 Conserver la question mais changer le rythme. Par exemple :

« Qu'est-ce	/pause/	que	tu	/pause/	dis ?
= un temps	= pause	= un temps	= un temps	= pause	= un temps

ÉTAPE 4 Conserver le rythme mais changer la phrase. Sur les 4 temps proposés ci-dessus, beaucoup de phrases sont possibles. Ainsi :

« Qu'est-ce /que /tu /fais ? », « Où /vas /tu /donc ? »

« Je /m'a /muse /bien. », etc.

4 *Conjuguer en rythme*

Conseil : Donner un verbe à revoir à tous les temps avant la séance.

Les participants sont debout, en cercle.

ÉTAPE 1 Choisir un objet à se passer de main en main (gomme, stylo ou autre).

Choisir le verbe (qui a été révisé) à conjuguer à un certain temps.

EXEMPLE *Être* au présent.

Quelqu'un démarre l'activité en passant l'objet à son voisin et en disant « Je suis… » ; le voisin enchaîne par « Tu es… », tout en passant l'objet à son voisin ; celui-ci dit : « Il est… » et passe l'objet ; le suivant prend l'objet en disant « Nous sommes… », et ainsi de suite jusqu'à recommencer. La consigne est de ne pas interrompre la chaîne rythmique et de faire passer le verbe et l'objet le plus rapidement possible, jusqu'à ce que la conjugaison devienne automatique.

ÉTAPE 2 Choisir un autre temps du verbe et recommencer.

Variante : Au lieu de se passer un objet de main en main, les participants trouvent un geste à faire qui se répétera de personne en personne tout au long de la conjugaison ; selon le même principe, tourner sur soi-même en disant « Je suis… », et le suivant tournera à son tour sur lui-même en disant : « Tu es… », sans oublier de respecter le rythme qui s'instaure dans l'enchaînement.

En effet, le geste aide à surmonter certaines difficultés, notamment celles d'ordre phonétique.

Si le niveau de langue des participants le permet, le verbe à conjuguer sera intégré dans une phrase. Par exemple : conjuguer « Je pense donc je suis » — « Tu penses, donc tu es… ».

Travailler une forme verbale difficile

EXEMPLE *S'en aller* : Cette forme verbale pose des problèmes non seulement de conjugaison, mais aussi d'emplacement du pronom.

ÉTAPE 1 Pour aider à formuler la question « Vous vous en allez dé**jà** ? » faire battre dans les mains les 7 temps qui lui correspondent (« Vous/vous/en/a/llez/dé/jà/ ») ; la faire répéter à haute voix avec le battement de mains et un battement de main plus fort sur l'accent en finale. On fait exécuter ce modèle à tour de rôle.

ÉTAPE 2 Quand le rythme et l'accent sont saisis, la phrase se met en place. Même travail pour les 9 temps d'une réponse éventuelle comme : « Oui/nous/nous/en/a/llons/il/est/**tard**. »

ÉTAPE 3 C'est l'étape où question et réponse sont associées. Les participants se disposent en cercle ; celui qui commence dit à son voisin de droite : « Vous vous en allez déjà ? » ; celui-ci répond : « Oui, nous nous en allons, il est tard. »

Puis, se tournant à son tour vers son voisin de droite, il répète la question comme elle vient de lui être posée.

Question et réponse devront ainsi s'enchaîner, d'une personne à l'autre, jusqu'à être formulées sans hésitation, sur un rythme très allant.

Variantes : À partir de là, toutes les variations sont possibles, de la plus simple à la plus compliquée, sans oublier la négation : « Vous ne vous en allez pas, j'espère ! » avec comme exemple de réponse : « On voudrait bien ne pas s'en aller, mais vous avez vu l'heure ? »

Dans tous les cas, et quelle que soit la phrase choisie, la plupart des difficultés syntaxiques ou phonétiques seront résolues par un travail systématique sur le rythme (battre les temps dans les mains, ou sur la table avec l'embout de son stylo) et la mise en place de l'accent tonique (en finale et non pas à l'initiale).

EXERCICE 2

LA « PRATIQUE RÉFLEXE »

Les stéréotypes de l'oral

OBJECTIF PARTICULIER

S'habituer à la répartie dans certaines situations convenues.

CONSEIL

Une petite discussion avec les participants sera utile pour déterminer les situations courantes qui mettent le plus mal à l'aise, quand « on ne sait pas quoi dire ».

1 *Stéréotypes de la rencontre*

Décider du type de personnes qui se rencontrent, de l'endroit où elles se rencontrent, de la relation qui existe entre elles.

Les participants sont debout en cercle.

EXEMPLE Un étudiant en rencontre un autre qu'il n'a pas vu depuis longtemps ; ils se croisent dans la rue. Le premier dit : « Tiens ! Salut ! » et l'autre réplique : « Ça fait longtemps qu'on (ne) s'est pas vu ! »

Le professeur (ou animateur) donne le coup d'envoi : il marche droit vers celui ou celle qui lui fait face dans le cercle en tendant la main et avec cette exclamation : « Tiens ! Salut ! » L'autre lui serre la main, réplique : « Ça fait longtemps qu'on (ne) s'est pas vu ! » et tout de suite lâche sa main pour se diriger vers un autre participant dans le cercle en s'écriant : « Tiens ! Salut ! » Cette autre personne, à son tour, lui serre la main en répétant sur le même ton : « Ça fait longtemps qu'on (ne) s'est pas vu ! » et, comme précédemment, poursuit l'activité en interpellant quelqu'un d'autre dans le cercle : « Tiens ! Salut ! », etc.

La réplique et la gestuelle seront répétées jusqu'à devenir automatiques, jusqu'à être dites sans être pensées.

L'exemple choisi ci-dessus est simple. Mais la rencontre est parfois plus formelle. Il faut penser à travailler des formules du type : « Ravi(e) de faire votre connaissance ! », « Je me souviens de vous avoir déjà rencontré(e) quelque part. » ou « On m'a beaucoup parlé de vous... », etc.

Cependant le principe de « mise en réflexe » reste le même. Il faut automatiser geste et parole par la répétition systématique. Quand l'automatisme est acquis, alors commence la liberté de moduler, de nuancer ses intonations, et de jouer avec les gestes et les mimiques.

2 *Stéréotypes de la politesse*

Comme ci-dessus, le travail sera précédé d'une discussion : Que veut dire être poli ? À quoi sert la politesse ? Dans quelles circonstances user des formules de politesse ?...

EXEMPLE La communication téléphonique : Comment se comporter poliment au téléphone ?

Les participants se disposent en deux lignes parallèles, dos à dos (puisqu'on ne se voit pas quand on parle au téléphone).

Conseil : Se mettre d'accord sur les stéréotypes à travailler.

Supposons que les phrases choisies soient : « Allô ! M. Dupont ? » « Désolé(e), vous faites erreur. »

Le premier participant (n° 1) commence en disant bien fort : « Allô ! M. Dupont ? » Celui qui est en face (n° 2, de dos) réplique : « Désolé vous faites erreur ! » et ce même n° 2 crie tout de suite : « Allô ! M. Dupont ? » Le participant n° 3 (qui est dans la ligne d'en face, de dos) répond : « Désolé vous faites erreur ! » et enchaîne à son tour : « Allô ! M. Dupont ? » Et ainsi de suite.

Les participants doivent parler sans se regarder.

Les stéréotypes de politesse offrent de nombreuses possibilités de travail. Selon la situation choisie, les participants pourront se passer les répliques assis ou debout, et se placer de différentes manières.

Pour travailler les stéréotypes de la politesse à table (par exemple : « Passe-moi le sel, s'il te plaît », ou « Pourriez-vous me passer le sel, s'il vous plaît ? »), on peut être assis derrière une table. La demande passe alors de l'un à l'autre, rapidement, toujours répétée sur le ton et selon le rythme donnés au départ.

3 *Stéréotypes de la dispute*

Que répondre à quelqu'un qui vous agresse ou qui est désagréable ? Comment désamorcer une dispute qui s'annonce ? Voilà des situations où il vaut mieux ne pas perdre sa langue et trouver le ton juste.

Les participants imaginent une situation de dispute, choisissent les répliques à échanger ainsi que les gestes qui les accompagnent. Ils sont placés dans l'espace, de façon à ce que les répliques puissent s'enchaîner rapidement de l'un à l'autre.

EXEMPLE Les participants se mettent à la queue leuleu. Ils figurent des gens qui attendent devant un guichet de cinéma, de gare ou autre. Dans la file d'attente, quelqu'un se retourne brusquement et dit à celui qui est derrière : « Poussez pas ! vous êtes idiot ou quoi ? » avec un geste d'exaspération. L'agressé répond immédiatement la réplique choisie à l'avance par le groupe. Ça peut être : « Je vous en prie, restons aimables ! » avec un geste précis.

Après avoir répondu, l'agressé se retourne immédiatement pour crier à son tour à celui qui est derrière : « Poussez pas ! Vous êtes idiot ou quoi ? » en respectant le geste d'exaspération.

Il est important que l'intonation, le rythme donné à la réplique, et le geste qui l'accompagne soient toujours les mêmes, d'une personne à l'autre.

Le dernier de la file pourra renvoyer une réplique en bousculant celui qui le précède : « Avancez donc ! Vous êtes idiot ou quoi ? », etc.

Variantes : Sur ce thème, de nombreuses variations sont possibles : dispute de couple, dispute entre enfants et parents, dispute d'automobilistes, etc.

EXERCICE 3 — LA « PRATIQUE RÉFLEXE »

Les expressions idiomatiques et les phrases complexes à l'oral

OBJECTIFS PARTICULIERS

- Apprendre à ne pas se limiter « au plus simple » à l'oral.
- Enrichir son expression spontanée.
- Surmonter les difficultés syntaxiques.

CONSEILS

Exiger concentration et précision. Faire apprendre « à l'oreille » sans passer par l'écrit (étape ultérieure). En effet, les mots qui apparaissent séparés les uns des autres sur le papier s'agglomèrent en blocs sonores pour l'oreille qui les écoute. On n'entend pas la phrase, on ne la dit pas non plus comme on l'écrit. À l'oral, il faut apprendre à identifier et à produire des sons groupés selon des critères syntaxiques et sémantiques.

1 *Les expressions idiomatiques*

Avant d'être travaillées en pratique réflexe, les expressions idiomatiques seront replacées en contexte et expliquées.

Pour travailler les répliques longues, il est conseillé de les couper selon la logique syntaxique, de les accentuer fortement, et de les rythmer par des gestes.

EXEMPLE La réplique choisie est : « Te voilà enfin ! » Tu y as mis le temps !

S'assurer d'abord que les participants se sont accordés sur le sens de l'expression.

Le contexte est mis en place ensemble : une personne attend depuis longtemps quelqu'un qui arrive très en retard.

Les participants sont assis en cercle.

Le professeur montre l'exemple. Il se lève, se précipite vers un participant en disant : « Te voilà enfin ! » et il frappe dans ses mains sur l'accent final ***fin*** de « enfin ». Il enchaîne tout de suite avec : « Tu y as mis le temps ! » en levant les deux bras en l'air sur ***temps***. Puis il prend la place du participant interpellé, qui se précipite à son tour vers quelqu'un avec la même exclamation et la même gestuelle (cette gestuelle, choisie avec la phrase, l'accompagnera systématiquement).

La pratique sera prolongée jusqu'à l'assimilation de l'expression (ce qui signifie plus aucune hésitation, ni erreur).

2 *La phrase complexe*

Le travail est effectué en respectant les consiges suivantes :

– Ne pas écrire la phrase avant de la travailler.

– Commencer par la pratique rythmique en faisant battre dans les mains les temps de la phrase avant de passer à la répétition systématique (voir « le rythme », pp. 19-22).
– Accompagner l'élocution de gestes précis sur les accents toniques en finale, pour ponctuer la phrase.

– Segmenter la phrase lorsque celle-ci est trop difficile à assimiler d'un seul tenant.

EXEMPLE Avec le système hypothétique.
Celui-ci met en effet en jeu des phrases complexes particulièrement difficiles à assimiler et à dire en automatisme, même si les règles en sont bien comprises.

Une phrase est choisie, par exemple : « Si la guerre n'existait pas, le monde serait différent. »

Les participants sont debout, en cercle

ÉTAPE 1 Pour mettre en place le rythme et la mélodie de ces phrases, faire battre les temps dans les mains :

Si/la/guerre/n'e/xis/tait/pas (accent tonique sur ***pas***)
Le/mond'/se/rait/di/ffé/rent (accent tonique sur ***rent***)

ÉTAPE 2 Quelqu'un propose deux gestes bien distincts qui mettent tout le corps en mouvement, sur deux temps : « si la guerre n'existait pas » (on s'accroupit et on touche le sol des mains sur ***pas***)**,** « le monde serait différent » (on se redresse sur ***rent***).

À partir de là, la séquence circule dans le cercle. Chacun à leur tour, les participants la répètent, en respectant son rythme et la gestuelle qui lui est associée.

ÉTAPE 3 Une fois enregistrée par tous, la séquence peut varier et prendre une intonation particulière. Par exemple : « Vous croyez que si la guerre n'existait pas, le monde serait différent ? », sur le ton de l'ironie.

La gestuelle changera alors. Elle comprendra trois mouvements, puisque la séquence est plus longue et qu'elle permet trois accents ou points d'appui. Par exemple : « Vous croyez » (en tournant sur soi-même) « que si la guerre n'existait pas » (en s'accroupissant) « le monde serait différent ? » (en se redressant).

Les participants se déplacent dans l'espace

La phrase complexe peut aussi se travailler en bougeant dans l'espace. Par exemple, les participants marchent en tous sens dans la salle.

L'un d'eux lance la première partie de l'hypothèse : « Si la guerre n'existait pas » et il touche au passage l'épaule de quelqu'un qui, aussitôt, termine l'hypothèse : « le monde serait différent. » tout en continuant à marcher. Ce dernier touche l'épaule d'une troisième personne qui reprend : « Si la guerre n'existait pas » puis touche à son tour l'épaule d'une quatrième personne qui termine la phrase, etc.

Ainsi la phrase passe de bouche en bouche, mêlée au mouvement de la marche, jusqu'à devenir automatique. On la dit sans la préparer dans sa tête et on veille à ne pas s'arrêter de marcher en parlant !

La présentation orale

REMARQUE

Se présenter face à un groupe est toujours une épreuve : la peur du regard et du jugement d'autrui paralyse parfois la parole et le corps. C'est pourquoi il est important de faire de cet instant délicat un moment de découverte permettant aussi la mise en valeur des qualités de chacun.

OBJECTIF GÉNÉRAL

Apprendre à se présenter et à présenter l'autre.

EXERCICE 1 — LA PRÉSENTATION ORALE

Entrer en communication

OBJECTIFS PARTICULIERS

- Créer une complicité et une émulation entre les participants.
- Aider à surmonter les réticences et les timidités.

CONSEIL

Laisser une grande liberté aux participants pour ces pratiques, mais donner des consignes précises.

1 *Se concentrer sur l'écoute*

Les participants sont debout, en cercle, et se tiennent par la main.

ÉTAPE 1 Les participants ont les yeux fermés. Le professeur (ou animateur) n'est pas dans le cercle.

Le professeur (ou animateur) encourage les participants à respirer profondément, à se détendre, à écouter la respiration des autres, et à se concentrer sur tous les bruits alentour. Il explique qu'il va toucher l'un des participants et que celui-ci va lancer une pression de main, qui devra se transmettre, de personne à personne, pour accomplir le tour du cercle.

Quand le professeur (ou animateur) sent que chacun est bien concentré, il touche l'épaule d'un participant. Aussitôt celui-ci presse la main de son voisin de droite. Ce dernier transmet la pression, qui doit alors faire le tour du cercle et revenir à son point de départ. Si la pression de main se perd en route, c'est que la concentration s'est relâchée, à un moment donné, parmi les participants.

Recommencer deux ou trois fois. La pression de main doit passer le plus rapidement possible.

ÉTAPE 2 Les participants ont toujours les yeux fermés. Même exercice, mais à la pression de main, ajouter son prénom.

Dès que le professeur (ou animateur) a touché son épaule, le participant désigné dit son prénom en pressant la main de son voisin de droite. Le voisin enchaîne tout de suite, en disant à son tour son prénom et en pressant la main de son voisin de droite, etc.

La consigne reste d'écouter sonner les prénoms, sans chercher à les mémoriser.

ÉTAPE 3 Les participants ont toujours les yeux fermés. Au premier tour, l'exercice est le même que précédemment mais, à la pression de main, le participant ajoute son prénom et un adjectif qui lui semble avoir un rapport avec sa personne. Par exemple : « Flora, blonde », « Étienne, sympa », « Hubert, timide », etc.

Au second tour, poursuivre avec les prénoms et les adjectifs (il peut être demandé d'ajouter deux adjectifs), mais demander aux participants, cette fois-ci, d'ouvrir les yeux.

2 *Cinq minutes pour s'identifier*

Les participants ont quelques minutes pour apprendre le plus vite possible les prénoms de tous les membres du groupe. Mais la consigne est de parler à voix basse et de faire le moins de bruit possible en se déplaçant pour se rencontrer.

Au bout de ces quelques minutes, le professeur ou animateur enjoint tout le monde à reprendre sa place. Une fois assis, chacun à son tour, les participants essayent de nommer le plus grand nombre de personnes du groupe.

3 *Se promener ensemble pour se connaître*

ÉTAPE 1 Les participants se promènent bras dessus, bras dessous dans la pièce, par groupes de 2 ou 3, comme s'ils étaient dans un jardin public (il est important que le mouvement soit continu et occupe tout l'espace). Ils discutent ainsi à bâton rompu, avec la consigne de faire connaissance en cheminant (prénom origine, goûts, habitudes, etc.)

ÉTAPE 2 À un signal donné par le professeur (frappé de mains, par exemple), les promeneurs changent de partenaire sans transition et reprennent tout de suite la conversation avec le nouvel interlocuteur.

Le signal se répète plusieurs fois et les couples ou trios changent rapidement jusqu'à ce que les participants se soient tous rencontrés.

ÉTAPE 3 À la fin de la promenade (plus ou moins longue selon le nombre de participants), tout le monde s'assoit en cercle, et le professeur (ou animateur) demande à chacun de parler d'une ou de plusieurs de ses rencontres : Qui avez-vous rencontré ? De quelle(s) rencontre(s) pouvez-vous nous parler ? Quelle rencontre vous a particulièrement intéressé(e) ? De qui vous souvenez-vous particulièrement bien ? Quelle rencontre vous a marqué(e) ? etc.

Il est normal que les rencontres se recoupent et que plusieurs personnes soient amenées à parler de la même rencontre ; de toute façon, aucune rencontre ne se ressemble, et surtout aucune rencontre ne sera narrée de la même façon. Il faut donc encourager les participants à s'exprimer librement sans crainte des répétitions.

4 *Essayer de se deviner*

Les participants sont assis en cercle.

ÉTAPE 1 Un volontaire accepte « d'être deviné », c'est-à-dire que les autres participants, à tour de rôle prendront la parole à son sujet.

Ils essayeront de deviner d'où il vient, ce qu'il fait dans la vie, quelques traits de son caractère, etc. Le volontaire a le droit de répondre par *oui* ou par *non* si quelqu'un lui pose une question.

ÉTAPE 2 Quand chacun se sera exprimé, le volontaire prendra la parole pour rectifier ou confirmer ce que les autres auront pu avancer à son sujet.

5 *Voyager avec les nationalités*

Activité concernant en particulier les étudiants de français langue étrangère séjournant en France.

Les participants sont debout, en cercle.

EXEMPLE Désignons les participants par des lettres. A est américain, B est japonais, C est iranien. Le professeur se met dans le cercle et donne l'exemple. Il traverse le cercle pour aller prendre la place de A, en disant : « Je pars de France pour aller aux États-Unis

A quitte sa place et se dirige vers B en traversant le cercle. Il dit « Je pars des États-Unis pour aller au Japon. », et il prend la place de B dans le cercle. B se dirige alors vers C ; il annonce : « Je pars du Japon pour aller en Iran », et prend la place de C dans le cercle. C se dirige alors vers un autre participant en disant à son tour : « Je pars d'Iran », etc.

De nombreuses variantes sont possibles quant au type de phrase choisie : je quitte la France, j'arrive au Japon, je découvre le Japon, je me rends au Japon, je vais rendre visite à un ami au Japon, je m'enfuis de France pour me réfugier au Japon, etc.

EXERCICE 2 LA PRÉSENTATION ORALE

Mémoriser les prénoms

OBJECTIF PARTICULIER

Dire comment on s'appelle et retenir le prénom des autres, ce qui est une occasion de prendre place au sein du groupe et d'entrer dans un acte de communication.

CONSEIL

Profiter de la découverte des prénoms pour amorcer le travail sur le geste, la voix, l'intonation, et même la syntaxe et la grammaire.

1 *Offrir son prénom*

Les participants sont assis ou debout, en cercle.

Il s'agit de donner son prénom à l'autre, en faisant le geste de lui mettre quelque chose de très précieux dans la main.

On fait le tour du cercle (ou de la classe), chacun à son tour offrant son prénom à la main de son voisin.

EXEMPLE La première dit « Marie » en même temps qu'elle pose dans la main de son voisin de droite, Paul, un petit objet imaginaire. Paul referme sa main sur l'objet imaginaire et se tourne vers son voisin de droite, Peter, à qui il donne l'objet en disant « Paul ». Peter referme sa main sur l'objet et le passe à sa voisine en disant « Peter », etc.

Le premier tour terminé, on invite les participants à changer de place dans le cercle, et un deuxième tour de prénoms commence.

Pour accélérer la mémorisation des prénoms, on peut demander de les additionner.

EXEMPLE La première dit « Marie » en même temps qu'elle pose dans la main de son voisin de droite, Paul, un petit objet imaginaire. Paul referme sa main sur l'objet imaginaire et se tourne vers son voisin de droite, Peter, à qui il donne l'objet en disant : « Marie, Paul ». Peter referme sa main sur l'objet et le passe à sa voisine Anna en disant : « Marie, Paul, Peter » ; Anna referme sa main sur l'objet imaginaire et se tourne vers son voisin en disant : « Marie, Paul, Peter, Anna » en le lui passant, etc.

2 *Lancer son prénom*

En cercle, les participants vont se lancer un objet (gomme, balle, éponge...).

ÉTAPE 1 Celui qui lance l'objet crie en même temps son propre prénom, de façon à ce que tout le monde l'entende et l'apprenne.

ÉTAPE 2 Quand les prénoms commencent à être mémorisés, celui qui reçoit l'objet dit le prénom de celui qui lui lance l'objet.

3 *Travailler l'intonation*

Les participants sont debout, en cercle.

ÉTAPE 1 Héloïse dit son prénom sur l'intonation de la colère par exemple, en frappant du pied par terre. Le groupe, à l'unisson, répète immédiatement après elle son prénom, sur la même intonation, avec le même geste.

ÉTAPE 2 Héloïse enchaîne en répétant son prénom sur une autre intonation, la surprise par exemple, avec un autre geste, et le groupe répète prénom et geste en l'imitant.

ÉTAPE 3 Héloïse choisit une troisième intonation et un troisième geste pour lancer son prénom, que le groupe répète en l'imitant.
Ces trois étapes s'enchaînent sans temps mort. Dès que le groupe a fini de répéter, un autre participant propose une autre intonation et un autre geste, sans attendre, et le groupe l'imite immédiatement, avec le plus d'exactitude possible. Le prénom sera dit trois fois avec trois intonations différentes et trois gestes appropriés. Ainsi de suite jusqu'à ce que chaque participant ait révélé son prénom en le faisant sonner et vivre de trois manières différentes.

4 *Travailler le rythme et l'accentuation*

Les participants sont debout, en cercle.

Chacun va se présenter en mimant, ou en « dansant » son prénom et son nom ; c'est-à-dire en collant un mouvement sur la mélodie et le rythme de ce qu'il dit. « Je suis Alfredo Garcia Ansorena » ne va pas appeler les mêmes gestes que « Je m'appelle Jennifer Mac Gregor » ou « Je m'appelle François Dupont ». Celui qui se présente doit faire comprendre aux autres la prononciation de ses prénom et nom en indiquant du geste (ou avec le corps) la place des accents toniques, les courbes mélodiques, la longueur des syllabes.

Chacun essaie ensuite de reproduire les sons et les gestes proposés par celui qui vient de se présenter et qui corrige alors les imitations.

La mémorisation des prénoms se fera ainsi très vite, mais surtout le premier pas sera fait pour engager le travail sur le rythme et la mélodie de la langue française.

5 *Entrer dans le code social*

Cette activité est l'occasion de parler ensemble pour se remémorer et commenter les expressions stéréotypées qui accompagnent l'idée de « présentation » en société.

Les niveaux de langue, indissociables des notions de milieu, d'âge, de type de relation entre les personnes, sont à prendre en considération.
La gestuelle et la mimique seront différentes selon la phrase type choisie.

EXEMPLE À partir de deux questions types choisies : « Salut, tu t'appelles comment ? » et « Bonjour, vous vous appelez... ? »

ÉTAPE 1 Travailler tout d'abord sur l'intonation et la mimique, qui entraîne naturellement une certaine posture du corps.
Les participants sont debout, en cercle.

Richard se tourne vers son voisin de droite et lui lance : « Salut, tu t'appelles comment ? » en prenant une pose qui rappelle « le petit loubard » ; le voisin répond sur le même ton en donnant son prénom, puis se tourne vers sa voisine de droite et l'interpelle à son tour : « Salut, tu t'appelles comment ? » tout en gardant le ton et la gestuelle donnés par Richard ; celle-ci répond et enchaîne en posant à son tour la question à son voisin de droite sur le même ton, et ainsi de suite pour un tour de cercle.

ÉTAPE 2 Le premier tour de cercle fini, tout le monde change de place dans le cercle, afin d'avoir de nouveaux voisins. Au deuxième tour, on change totalement d'intonation, de mimique et de gestuelle, pour aborder une autre façon de se renseigner sur l'identité de son voisin : « Bonjour, vous vous appelez... ? » ou « Pourriez-vous me rappeler votre prénom ? » ou « J'ai votre prénom sur le bout de la langue ! » ou « Excusez-moi, je me souviens très bien de vous, mais j'ai une mauvaise mémoire des prénoms... ». On peut choisir de parler et de se comporter en caricaturant, par exemple, le snobisme (ou toute autre attitude cliché) par l'intonation et par la gestuelle.
Comme la première fois, l'un des participants donne le ton, et devra être imité le plus exactement possible par chacun dans le cercle.

6 *Aborder la grammaire*

Phrases interrogatives et négatives

ÉTAPE 1 Une personne se désigne pour être celle que l'on interroge. Les autres participants vont lui poser, chacun à son tour, une question pour mieux la connaître. Chaque question mettra en jeu le prénom de la personne interrogée. Après chaque question, on donne à la personne interrogée le temps de répondre.
Par exemple : « Alain, tu habites où ? », « Quelle couleur préfères-tu, Alain ? » « Pourquoi es-tu ici, Alain ? », etc. À force d'avoir été répété par différentes voix, dans différentes questions, le prénom ne sera plus oublié, et s'associera à tout ce qu'on a appris sur la personne qu'il désigne.

ÉTAPE 2 Une autre personne accepte d'être interrogée. Cette fois, les questions seront négatives ou s'associeront à une forme négative, toujours accompagnées du prénom.
Par exemple : « Tu n'es pas française, Cathy ? », « Cathy, tu n'aimes pas le chocolat ? », « Cathy, tu ne vas jamais au cinéma ? », « Quel genre de film tu n'aimes pas, Cathy ? », « Je crois que tu ne ressembles pas à ta mère, c'est vrai, Cathy ? »

Après chaque question, on donne à la personne interrogée le temps de répondre.

Phrases complexes

Le moment des présentations donne aussi l'occasion d'aborder des phrases complexes. La pratique réflexe, qui met en jeu le rythme, le geste ponctuel sur les accents toniques et la répétition systématique, aide alors à l'assimilation de la syntaxe et de la difficulté grammaticale (voir «La pratique réflexe»).

Pour illustrer les difficultés engendrées par les phrases complexes qui peuvent être abordées au cours des présentations, prenons l'exemple des modes, du discours rapporté et des pronoms relatifs.

Les modes
Dès lors que les prénoms ne sont pas encore bien mémorisés, l'expression du doute, de la perplexité ou de l'incertitude s'impose d'elle-même impliquant l'emploi des modes.

Les participants sont debout ou assis, en cercle.

EXEMPLE Pratique du subjonctif

Un des participants traverse le cercle pour aller s'adresser à un autre : «Je crois que tu t'appelles Sonia, mais je ne suis pas sûr que ce soit ça.» L'autre répond pour confirmer ou infirmer. Ici, par exemple, elle peut rétorquer : «Oui, c'est bien ça !», et à son tour se diriger vers quelqu'un d'autre pour l'interroger en posant la même question (en changeant le prénom, bien sûr) sur le même ton.

EXEMPLE Pratique du conditionnel présent

Un des participants s'adresse à un autre en exprimant son doute : «Tu ne t'appellerais pas Sophie par hasard? ou «Ce ne se serait pas toi, Sophie ?» L'autre répond et interpelle quelqu'un à son tour.

EXEMPLE Pratique du conditionnel passé

Un des participants commence en apostrophant son voisin : «Bonjour, je m'appelle John.» L'autre s'étonne : «C'est toi John ? Je n'aurais jamais cru !» ou «Je n'aurais pas pensé qu'on se rencontrerait ici !» Puis il se tourne vers son voisin en l'apostrophant à son tour : «Bonjour, je m'appelle Max», et le voisin réagit en reprenant : «C'est toi Max ? Je n'aurais jamais cru !» etc.

Le discours rapporté
Il y a de nombreuses possibilités d'introduire le discours rapporté, au moment de la découverte des prénoms, en utilisant des phrases comme : «J'ai entendu dire que tu t'appelais Sonia, c'est vrai ? ou «On m'a dit que tu t'appelais Sonia, c'est ça ?» ou «Tu as dit que tu t'appelais Sonia ?»

L'important est que, une fois choisie, la phrase fasse le tour du cercle en se répétant, pour que son mécanisme soit à la fin assimilé comme un réflexe (seul le prénom change dans la phrase).

Les pronoms relatifs
Les participants choisissent une construction particulière après en avoir discuté, si besoin est. Ils se mettent en cercle et pratiquent, comme précédemment, la question et la réponse systématiques (en changeant le prénom selon la personne à qui s'adresse la question).

EXEMPLE ……… « C'est donc toi la fameuse Sonia dont on m'a parlé ! » ou « Tu es la Sonia que j'ai rencontrée hier soir chez David ? » ou « C'est toi la Sonia qui ne boit jamais d'alcool ? »

Quand la phrase semble difficile à mémoriser ou à dire, il faut passer par la pratique rythmique, et le geste qui ponctue les accents toniques (voir « La pratique réflexe »)

EXERCICE 3

LA PRÉSENTATION ORALE

Se présenter sans être vu

OBJECTIF PARTICULIER

Oublier sa peur de « paraître » devant les autres, se concentrer sur l'acte de parole (les mots choisis, le son de la voix, les silences aussi).

CONSEILS

Insister sur l'importance de parler fort et distinctement, sans faire de longues pauses.
Les participants travaillent en petits groupes de deux ou trois pour préparer les présentations. Ensuite chacun se présente seul devant les autres, suivant l'une des propositions suivantes.
Après chaque présentation, les éventuelles fautes de langue sont corrigées et une discussion s'instaure, en groupe, portant sur les impressions ressenties par le présentateur et par son public.

1 *Se présenter caché*

Caché derrière un écran

Un participant est caché, derrière une porte, un écran, ou n'importe quel « obstacle » au regard des autres. Il parle librement de lui-même, en disant « ce qui lui passe par la tête », à propos de sa vie, de son caractère, de sa personnalité.

Comme il ne dispose que de sa voix pour retenir l'attention, il peut s'écouter parler et prendre conscience de tous les composants de la parole (inflexions, rythme, mélodie, silence, hésitations, accentuations, etc.).

Après la présentation, on procède à la correction des fautes de langue et à une discussion commune sur les impressions ressenties par celui qui a parlé et par ceux qui ont écouté.

Caché derrière une personne

Un participant se présente, caché derrière quelqu'un qui fait face au public. Cette personne fait des mimiques et réagit à ce qui est dit dans son dos par le participant caché. Celui-ci peut parfois sortir une main, ou un bras, que l'on verra surgir du dos de la personne qui le cache.

Cette situation de « double identité » est à exploiter pour se présenter de manière drôle et inattendue, en mettant l'accent sur l'importance des mimiques et des gestes qui accompagnent la parole.

Ne pas oublier, après chaque présentation, les corrections linguistiques et la discussion en commun.

Caché par un drap ou un tissu

Se présenter caché sous un drap ou un grand morceau de tissu (des ouvertures auront été aménagées pour les yeux et la bouche) permet de se servir des mouvements pour appuyer ce qu'on dit et amuser le public.

Après la présentation, correction et discussion en commun.

2 *L'auditoire de dos*

Celui qui se présente parle à un auditoire qui lui tourne le dos, mais qui l'écoute avec attention. Ainsi il se sent libre de ses mouvements, soustrait au regard des autres, mais il peut percevoir les réactions de son public puisqu'il le voit. Il est donc en position «dominante», ce qui lui permet une meilleure assurance et une plus grande liberté d'expression.

Après la présentation, correction et discussion en commun.

3 *Se présenter masqué*

Celui qui se présente est cette fois visible mais protégé derrière un masque (un vrai masque, des lunettes noires, un mouchoir, bref, quelque chose qui change la physionomie). La personne devient ainsi consciente non seulement du pouvoir de ses paroles, mais également de l'importance de ses gestes pour intéresser le public.

Après la présentation, correction et discussion en commun.

EXERCICE 4

LA PRÉSENTATION ORALE

Se présenter indirectement

OBJECTIF PARTICULIER

Utiliser la présentation indirecte pour parler plus librement de soi.

CONSEILS

Encourager à se présenter avec assurance, à jouer de soi avec humour. Les présentations se prépareront en petits groupes. Chacun fera sa présentation devant une ou deux personnes avant de parler à tout le groupe réuni. Chaque présentation donnera lieu à des corrections linguistiques et à une discussion en commun.

1 *Dire le contraire de ce qu'on est*

Celui (ou celle) qui se présente s'amuse à se décrire à l'inverse de ce qu'il (ou elle) est. À noter que ce type de présentation a aussi un objectif linguistique : faire pratiquer la phrase négative.

EXEMPLE Robert, qui est un jeune étudiant brun, grand et sportif, va dire : « Je ne m'appelle pas Robert, je ne suis pas étudiant et j'ai au moins 90 ans. Je ne suis ni grand ni brun, je déteste le sport, etc. »

2 *Dire ce qu'on aimerait être*

Celui qui se présente va faire de lui un portrait « rêvé », c'est-à-dire se présenter non tel qu'il est mais tel qu'il rêverait d'être. Le mode conditionnel sera donc remplacé par l'indicatif au présent, comme si tout était vrai. Il faut encourager celui qui parle à exagérer, à se laisser aller à toutes les fantaisies.

EXEMPLE « Je parle plusieurs langues couramment car j'ai déjà fait plusieurs fois le tour du monde à la voile, etc. »

Mais cette présentation peut aussi se faire au conditionnel : « J'ai un rêve. J'aimerais parler plusieurs langues et faire le tour du monde... » ou « J'aurais aimé être pilote de ligne, mais je suis informaticien, etc. »

L'idée reste de confronter la réalité au rêve, en donnant, selon le mode employé, plus de force à l'un ou à l'autre.

3 *Raconter un souvenir*

Raconter un souvenir, c'est aussi « se raconter » en faisant partager aux autres des émotions personnelles.

Pendant la préparation en petits groupes, les participants essaieront de travailler leur vocabulaire et la structure de leur récit afin qu'ils soient le plus clair possible.

Exemples de souvenirs à raconter : les jeux de l'enfance, une « première fois », une expérience comique ou tragique, une bonne surprise, une désillusion, un coup de foudre.

4 *Se présenter au téléphone*

Deux personnes se téléphonent (les mettre dos à dos, ou les éloigner l'une de l'autre, pour qu'elles ne se regardent pas). Elles s'aperçoivent qu'il y a erreur de numéro, mais sympathisent néanmoins, et, prises au jeu, se posent des questions pour faire connaissance.

EXEMPLE

– Allô, Marie ?

– Non, il n'y a pas de Marie ici.

– Mais vous avez la même voix qu'elle !

– Moi, c'est Virginie.

– Moi, Alain. Excusez-moi de vous avoir dérangée.

– Vous avez un petit accent. D'où venez-vous ?

– Je suis italien, mais ma mère est française…

EXERCICE 5

LA PRÉSENTATION ORALE

Présenter l'autre

OBJECTIF PARTICULIER

Apprendre à se familiariser avec une personne pour la mettre en valeur.

CONSEILS

Les propositions qui suivent sont précédées d'un temps de préparation laissé aux participants. Travailler la présentation à 2 ou à 3 permet des échanges fructueux à l'intérieur du groupe.
Après la présentation de chacun, corrections linguistiques et discussion en commun.

1 *L'interview publique par un(e) journaliste étourdi(e)*

ÉTAPE 1 Les participants se divisent en groupes de 2. L'un joue le présentateur : il doit donc présenter l'autre.

Un temps de préparation d'une dizaine de minutes précède la présentation. Pendant cette préparation, les participants se présentent l'un à l'autre et s'informent le plus précisément possible sur ce qu'ils sont.

ÉTAPE 2 Surprise ! Quand il arrive devant le public, le présentateur joue l'étourdi. Il fait volontairement des erreurs dans sa présentation.

EXEMPLE « Bonjour ! Je vous présente Paul. » L'autre proteste : « Non, Peter ! » Le présentateur s'excuse et continue : « Il a 15 ans. » Mais Peter l'interrompt pour corriger son âge, et le présentateur se trompe ainsi tout le temps, si bien que Peter est obligé d'intervenir pour rétablir la vérité : « Non ! Je ne suis pas végétarien, j'aime beaucoup la viande ! », etc.

En fait, le présentateur (ou la présentatrice) fait semblant de se tromper et l'autre fait semblant de s'étonner, car tout a été préparé ensemble. La complicité entre les deux « acteurs » de cette présentation viendra de là.

2 *La statue et son sculpteur (ou ses sculpteurs)*

ÉTAPE 1 Les participants se divisent en groupes de 2 ou 3 : un sculpteur et sa statue, (ou deux sculpteurs pour une statue si le groupe est constitué de trois personnes).

Il est donné un temps de préparation d'une dizaine de minutes, pendant lequel celui qui va jouer le rôle de sculpteur pose des questions à l'autre pour enrichir la présentation à venir (prénom, goûts particuliers, caractère…).

ÉTAPE 2 Chaque groupe de 2 ou 3 se donne en représentation, devant les autres rassemblés.

La statue se tient debout, droite, détendue face au public. Le sculpteur la présente comme une œuvre d'art particulièrement réussie. Il accompagne ses paroles de gestes qui modifient les poses de la statue; par exemple en lui avançant un pied, en lui faisant tourner la tête, en lui relevant les bras, comme il ferait d'une poupée articulée. La statue reste dans l'attitude que le sculpteur lui donne.

EXEMPLE Marie présente Pierre. Elle est le sculpteur, il est la statue. Pierre est debout face au public, immobile, et il se laisse faire. Marie va parler de lui tout en modifiant la position de ses bras, de sa tête, de ses jambes. Elle « sculpte » Pierre en le présentant comme son chef-d'œuvre : « Voici Pierre, ma dernière œuvre. Comme vous voyez, c'est une œuvre très réaliste, on croirait qu'il est vivant. Il a l'air un peu timide, mais on va lui redresser la tête, et peut-être lui croiser les bras (elle modifie la position de la tête, puis elle lui fait croiser les bras). Oui, comme ça... C'est déjà mieux ! Alors Pierre est pianiste, il adore le jazz; je vais changer la position de ses mains pour que vous voyiez qu'il a des doigts très longs (elle prend les mains de Pierre et les dispose de façon à ce que tout le monde puisse les voir) C'est bien pour jouer du piano ! Mais oui, ma statue est magique, elle peut jouer du piano ! Tenez, on va lui avancer un pied, ce sera plus joli (elle se baisse et pousse le pied de Pierre en avant), etc. »

Présenter l'autre comme si on l'avait fait permet beaucoup de liberté de parole et beaucoup de complicité. Le sculpteur met en valeur les qualités de sa statue, il dit ce qu'elle est capable de faire, il la fait admirer au public. C'est un bon moyen de présenter quelqu'un de manière à la fois drôle et élogieuse.

3 La marionnette et le marionnettiste

ÉTAPE 1 Les participants travaillent par groupes de deux : le marionnettiste (montreur) et sa marionnette.
Un temps de dix minutes est donné pour la préparation (le temps que le marionnettiste s'informe sur sa marionnette pour pouvoir la présenter).

ÉTAPE 2 Chaque duo donne sa petite présentation.
La personne qui va être présentée fait face au public : c'est la marionnette.

Le présentateur se glisse derrière son dos et va lui prêter sa voix : c'est le marionnettiste. Il peut passer ses bras sous ceux de la marionnette pour faire des gestes tandis qu'il parle, il peut montrer son visage par-dessus l'épaule de la marionnette, il peut aussi pousser les jambes de la marionnette et la faire ainsi marcher, toujours en parlant.

La présentation se fait à la première personne, comme si le présentateur incarnait la personne qu'il présente.

EXEMPLE Marie est placée derrière Anna. Elle prend les mains d'Anna et lui fait faire des gestes en restant cachée derrière elle : « Je m'appelle Anna et je suis ravie de faire votre connaissance ; je parle plusieurs langues, vous savez, et j'aime beaucoup la natation (elle fait faire des gestes de brasse à Anna). Et puis je joue aussi du violoncelle (elle fait faire des gestes de violoncelliste à Anna), etc. »

Pour cette présentation à deux, la marionnette doit être complètement abandonnée à ce que l'autre lui fait faire. Cela nécessite donc une grande confiance entre elle et le marionnettiste.

Variante : La présentation peut aussi se faire à la deuxième personne, ou à la troisième personne du singulier.

Chapitre 2

Improviser pour mieux parler

Sans être acteur soi-même, et sans avoir des acteurs comme étudiants, il est possible d'aborder l'improvisation en classe de langue ou en atelier, du moment que l'orientation du travail est clairement fixée. En ce qui concerne l'apprentissage d'une langue ou le perfectionnement linguistique, l'improvisation répond essentiellement à des objectifs bien spécifiques.

Le premier objectif est de libérer l'étudiant de ses réticences à parler, de lui faire découvrir ce qu'il peut dire avec les mots qu'il connaît, de lui laisser prendre de l'assurance et de l'aisance dans sa manière d'être, en français, face aux autres.

Le deuxième objectif est d'enrichir et de développer le vocabulaire. Pour cela, l'étudiant doit être corrigé systématiquement après chaque improvisation. Il faut revenir sur les termes qui lui ont manqué, sur les expressions idiomatiques qui auraient pu convenir dans la situation donnée, sur les réflexes conditionnés qui interviennent à l'oral, en rapport avec le comportement.

Un troisième objectif est d'aborder les rapports entre parole, geste et espace. L'improvisateur est amené à jouer avec sa voix et avec son corps. Il est le centre de l'attention du public. On le regarde et on l'écoute.

Un quatrième objectif, qui découle du précédent, est de faire réaliser l'importance de l'autre dans l'acte de communication. D'une part, il faut écouter son partenaire et répliquer en fonction de ce qu'il vient de dire. D'autre part, il est important de tenir compte du public qui assiste à l'improvisation. L'idée est de transmettre un message et, pour cela, de retenir l'intérêt. Il faut déclencher l'émotion, le rire, l'étonnement... Celui qui parle, acteur ou pas, est toujours en représentation.

Enfin, l'improvisation sert aussi à provoquer la discussion dans le groupe, à encourager les critiques constructives des participants spectateurs. Il est bien connu qu'en analysant les erreurs des autres, chacun remet en cause ses propres connaissances.

Cette pratique développe le registre lexical de la description et de l'analyse, mais aussi celui de l'expression des sentiments et des émotions, souvent négligé dans l'enseignement traditionnel.

Comment mener une improvisation

REMARQUE

Il faut donner un cadre précis à l'improvisation dès qu'elle met en scène des personnages confrontés à une situation déterminée. Autrement dit, les improvisateurs doivent savoir d'où ils partent et où ils vont, afin de tirer profit de cette pratique. Sans oublier que le profit à tirer, dans notre perspective, est avant tout d'ordre linguistique.

OBJECTIF GÉNÉRAL

Donner des indications de base pour que l'improvisation fonctionne comme un outil d'apprentissage de la langue.

EXERCICE 1 — COMMENT MENER UNE IMPROVISATION

Faire improviser (cadre et déroulement)

OBJECTIF PARTICULIER

Apprendre à structurer une improvisation dans sa forme et à respecter certaines consignes de comportement.

CONSEIL

S'en tenir à des consignes précises permet aux improvisateurs une plus grande liberté d'expression.

1 *Lieu, moment, personnages*

Préparer une improvisation ne signifie pas préparer des phrases à dire. Voici quelques consignes pour orienter le travail :

– Tout d'abord déterminer le *lieu* où se trouvent les personnages. En effet, la manière de s'exprimer sera différente selon qu'on se trouve dans un restaurant bondé, dans un train qui roule ou sous un cerisier en pleine campagne.

– Ensuite, il est important de déterminer le *moment* de la journée (matin, après-midi ou soir) où se joue le dialogue. Ce détail permet aux improvisateurs de mieux « s'installer » dans la situation.

– Enfin, le *physique, l'humeur, l'état d'esprit* des personnages au moment où ils entrent en scène influencera beaucoup le ton et le rythme du dialogue. Un monsieur bedonnant et grincheux ne parlera pas comme un jeune cadre dynamique. Un jeune « loubard » n'utilisera pas le même registre de langue qu'une conférencière du Louvre.

Ces trois éléments mis en place donneront à l'improvisation un cadre vivant et personnalisé où s'installera plus facilement la parole.

Le groupe se divise en petits groupes de 3 personnes. Chaque groupe imagine une histoire qui se passe dans un lieu précis, à un moment précis, avec des personnages bien cernés.

Le professeur (ou animateur) passe dans les groupes qui se préparent à improviser, et les stimule par des questions : « Vous êtes prêts à improviser ? D'accord, alors où êtes-vous pendant cette impro ? Quelle heure est-il ? En quelle saison se passe cette histoire ? Est-ce qu'il fait beau ce jour-là ? Comment sont habillés les personnages ? Quel âge ont-ils ? Pouvez-vous les décrire physiquement ? Pouvez-vous parler de leur caractère... »

EXEMPLE Une improvisation est prévue sur le thème de l'eau. La consigne est d'inventer une situation où le thème de l'eau s'impose d'une manière ou d'une autre.

Éva, Cathy et Yoshiko se sont déjà mises d'accord sur plusieurs points, mais le professeur (ou animateur) les encourage à aller plus loin.

Éva explique : Nous sommes trois copines, nous partageons le même appartement, et un jour l'une de nous oublie de fermer le robinet de la salle de bains. Alors le soir on rentre, et l'appartement est inondé !

Le professeur : C'est donc le soir. Qui rentre la première ?

Cathy : C'est moi.

Le professeur : D'où viens-tu ?

Cathy : De la fac.

Le professeur : Qu'est-ce que tu étudies à la fac ?

Cathy : Euh... Je ne sais pas... L'économie !

Le professeur : Ça te plaît l'économie ?

Cathy : Oui, mais j'ai beaucoup de travail.

Yoshiko : C'est pour ça qu'elle ne fait jamais la vaisselle !

Le professeur à Cathy : Tu arrives de bonne ou de mauvaise humeur ? As-tu déjà dîné ou pas ? Et les deux copines avec qui tu vis, tu les aimes bien ? etc.

Par ces questions, les improvisateurs sont conduits à nourrir leur imaginaire de détails, et leurs dialogues s'en trouveront enrichis.

2 *Un début, un déroulement, une fin*

Comme toute histoire ou toute scène de la vie, l'improvisation suit une progression. Elle part d'un point précis, quelque chose se passe, puis elle se termine. Il est important que les improvisateurs sachent d'où ils partent et où ils vont, pour se donner une assurance et éviter la désagréable impression de tourner en rond ou de ne pas savoir quoi dire.

Quant à l'action, elle est indispensable pour déclencher les échanges.

EXEMPLE Le thème choisi est « la dispute ».

Steve et Esther ont décidé d'improviser une dispute de couple. Le *lieu* de la dispute : la cuisine. Le *moment* de la dispute : le soir. Les *personnages* : un jeune fonctionnaire « macho » et sa femme bon chic bon genre.

Début de l'improvisation : La femme, seule dans la cuisine, s'efforce de faire un goulasch pour le patron de son mari qui vient dîner ce soir-là.

Action : Le mari rentre du bureau très nerveux parce que son patron vient dîner. Il découvre que sa femme a oublié d'acheter du vin. Il se met en colère. Le couple se dispute.

Fin de l'improvisation : Dans un geste d'exaspération, le mari jette par terre la viande que sa femme a découpée pour le goulasch. Le chien mange la viande. Le couple décide d'aller dîner au restaurant en laissant tomber le patron.

Si la préparation de l'improvisation se limite, comme il est conseillé, à donner un « cadre » (début et chute) à une action (ou à une suite d'actions), elle ne dépasse pas une dizaine de minutes. Elle donne l'occasion aux participants de parler entre eux et d'exprimer leurs idées le plus clairement possible pour que les partenaires se comprennent au moment où ils improvisent.

3 *Quelques consignes à faire suivre pendant l'improvisation*

Les improvisateurs sont invités à respecter certaines règles pendant leur performance :

- Écouter l'autre quand il parle, et lui répondre.

- Ne pas couper la parole à l'autre, mais le laisser terminer ses phrases (même si parfois la phrase met du temps à venir !).

- S'efforcer de parler haut et fort (même si on a le trac ou si l'on redoute de faire des fautes).

- Ne pas faire traîner le dialogue en longueur ; ne pas non plus bâcler le dialogue pour en finir au plus vite.

- Prendre plaisir à jouer son improvisation, s'amuser et se laisser aller.

Il est important que le professeur (ou animateur) encourage les participants à ne pas s'inquiéter des fautes de langue qu'ils vont commettre ; en effet les erreurs sont les bienvenues puisqu'elles fourniront le sujet de la discussion qui suivra, et permettront à chacun de progresser grâce aux corrections proposées (voir « La correction orale après l'improvisation »).

EXERCICE 2 COMMENT MENER UNE IMPROVISATION

Exploiter l'improvisation dans une perspective linguistique

OBJECTIF PARTICULIER

Tirer profit de l'improvisation pour corriger les fautes de langue et combler les lacunes de vocabulaire.

CONSEIL

Pendant l'improvisation, le professeur (ou animateur) doit s'astreindre à prendre en notes non seulement les fautes commises, mais les difficultés de prononciation, les phrases inachevées, les « trous » de vocabulaire.

1 *Le rôle du professeur ou animateur*

Avant l'improvisation

Le thème de l'improvisation peut être choisi par les apprenants eux-mêmes, selon leurs intérêts du moment, leurs expériences récentes ou leurs besoins linguistiques particuliers (par exemple, savoir parler de son corps quand on va chez un médecin). Dans ce cas, le thème émane d'une concertation en groupe, orchestrée par le professeur animateur.

Si le thème est choisi par le professeur (ou animateur), ce dernier devra organiser une petite discussion en groupe qui motivera et inspirera les participants :

Quelles situations imaginez-vous à partir de ce thème ? Comment traiter ce thème sur un mode comique ? Quel registre de langue adopter (familier, argotique, soutenu) dans l'improvisation ? De quelle idée peut-on partir ? Quels types de personnages imaginez-vous ? Etc.

Après cette discussion, le groupe se divise en sous-groupes pour préparer les improvisations. Pendant cette préparation, le professeur (ou animateur) se manifeste le moins possible. C'est un moment qui appartient complètement aux improvisateurs. Ils parlent entre eux, échangent leurs idées, se mettent d'accord. Cependant, il arrive qu'un groupe n'ait pas d'idées, ne puisse pas trouver d'accord ou manque de mots spécifiques. Le professeur (ou animateur) vient alors aider, stimuler l'imagination et l'intérêt des improvisateurs en posant des questions (sur le lieu, l'action, les personnages, etc.) et en prodiguant des encouragements.

Pendant l'improvisation

Ne pas perdre de vue l'objectif du travail qui reste linguistique. Toutes les fautes seront notées de façon à pouvoir être reprises et corrigées après l'improvisation.

Après l'improvisation

L'exploitation de l'improvisation aura lieu en deux temps :

– Une première correction des fautes se fera en commun oralement, tout de suite après l'improvisation.

– Une seconde correction se fera à l'écrit ; en effet il est conseillé de préparer une synthèse des phrases fautives, dont le professeur distribuera la photocopie à la séance suivante. Les participants pourront ainsi revoir leurs erreurs et revenir sur les corrections de la veille par un autre biais (voir l'exemple de fiche corrective p. 53

2 *La correction orale après l'improvisation*

Tout de suite après l'improvisation (que le groupe applaudit chaleureusement), les fautes sont répétées telles quelles par le professeur (ou animateur), et tout le monde participe à leur correction en donnant son avis.

EXEMPLE Dialogue qui s'engage dans le groupe après une improvisation.

La phrase, notée pendant l'improvisation, est répétée par le professeur ou animateur : « Nous avons beaucoup <u>des</u> invités. » Un participant corrige spontanément : « Nous avons beaucoup d'invités ! »

Exploitation par le professeur ou animateur : « Je vous rappelle que les expressions de quantité sont suivies de **de + nom** ou de **d'+ nom** commençant par une voyelle. Quelles expressions ou mots exprimant la quantité connaissez-vous ? »

Toute correction orale qui suit une improvisation offre l'occasion de réviser ainsi une règle de grammaire, de travailler une forme syntaxique, ou de développer un point de vocabulaire.

EXEMPLE Le professeur (ou animateur) remarque : « Pendant l'improvisation, vous vouliez consoler ce pauvre homme qui venait de perdre son chien, mais vous ne saviez pas quoi dire. Qu'est-ce qu'on peut dire pour consoler quelqu'un ? »

Et chacun intervient pour proposer, discuter.

Les corrections orales suivant une improvisation mènent très naturellement à écrire au tableau le vocabulaire nouveau ou la syntaxe difficile.

3 *La correction écrite après l'improvisation*

Le professeur ou animateur prépare chez lui une « fiche » qui reprend certaines répliques fautives des diverses improvisations proposées sur un même thème.

Le choix de ces répliques se fait d'après les erreurs les plus « intéressantes », celles qui peuvent donner lieu à des révisions, des remises au point grammaticales, ou permettre d'aborder des questions d'ordre sémantique.

Cette fiche est distribuée aux participants qui vont y réfléchir par petits groupes dans la classe, ou individuellement, chez eux avant la séance suivante.

Le travail se continue ensuite en commun ; on reprend chaque phrase et on la corrige ensemble, en répondant aux questions s'il s'en pose.

EXEMPLE Correction écrite après une improvisation : les participants ont improvisé sur le thème du « malade imaginaire » : Un homme, (ou une femme), bien portant(e) perturbe son entourage avec des plaintes continuelles sur son état de santé. Le médecin va tirer profit de l'imagination de son patient (ou de sa patiente) en l'encourageant à se sentir malade et à payer très cher ses consultations.

Les erreurs ont d'abord été corrigées oralement après chaque performance des différents participants sur ce thème.

L'écrit va permettre de revenir une nouvelle fois sur les points faibles, après un laps de temps pendant lequel les apprenants ont pu oublier ou mûrir les premières rectifications.

Cette seconde approche, qui passe par l'écrit, présente plusieurs avantages :

– Elle permet d'aller plus loin dans l'exploitation des erreurs commises pendant l'improvisation.

– Elle permet d'aborder les erreurs sous un autre angle et de fixer plus sûrement les corrections dans la mémoire.

– Elle rassure l'apprenant en le renvoyant à des repères familiers dans l'apprentissage traditionnel : le papier et le stylo.

Voici un exemple de fiche corrective après une série d'improvisations sur le thème du « Malade imaginaire » :

FICHE CORRECTIVE

1re PARTIE

Reprise des répliques fautives notées au cours des diverses improvisations proposées par les participants. **Une seule faute** est à corriger dans chaque phrase.

Corrigez votre expression :

1. Est-ce que vous avez appétit ?
2. J'ai peur qu'il faut faire une prise de sang.
3. Je suis mal au ventre.
4. Je suis toujours correct, Madame, un médecin ne se trompe jamais.
5. Vous êtes mal à la tête ?
6. Qu'est-ce que vous arrive ?
7. Vous avez mangé normal cette semaine ?
8. Vous avez enfants ?
9. Je ne peux pas courir 10 minutes par jour ! J'aime pas de sport !
10. C'est vous qui m'a dit que vous n'aviez pas mal à l'estomac avant.
11. Je ne dorme pas bien.
12. Je vais dessiner quelque chose et vous me direz qu'est-ce que vous voyez.
13. Je n'ai pas dormi ça faisait six jours.
14. Les plupart des médecins pensent que les patients sont stupides.
15. Le patient a peur le médecin

2e PARTIE

Il est intéressant de travailler sur des phrases à compléter, en rapport avec le thème de l'improvisation et les répliques notées ; on peut revenir ainsi sur certaines difficultés linguistiques en variant la présentation.

Complétez :

1. Quand on est malade, on se soigne pour........ .
2. Il faut une ordonnance pour acheter certains................ .
3. Comment ? 100 € la consultation ? Vous vous........................... ma tête ? Vous vous.........de moi ou quoi ? Non, je vous préviens, ça ne.............. pas !

3e PARTIE

Pour préciser le vocabulaire et combler les lacunes qui se sont révélées au cours de l'improvisation.

Expressions spécifiques concernant la fatigue physique et psychologique :

Être exténué(e) = être extrêmement fatigué(e) = être épuisé(e)

Sur le registre familier : Je suis crevé(e), vidé(e) = je n'en peux plus ! = je suis au bout du rouleau = je suis lessivé(e) = je suis flagada.

L'improvisation au pied levé

REMARQUES

L'improvisation au pied levé, c'est-à-dire sans aucun temps de préparation, peut être proposée à l'occasion d'une discussion ou d'une mise au point linguistique dans la classe.
Comme ce type d'improvisation ne demande aucune préparation, il se pratique avec tout le groupe réuni, ce qui rassure les participants, et crée entre eux des connivences. C'est un bon moyen d'introduire en douceur des activités d'improvisation plus développées.

OBJECTIFS GÉNÉRAUX

– Encourager les échanges et la communication dans le groupe.
– Apprendre à s'exprimer spontanément avec assurance.
– Développer l'imaginaire.

EXERCICE 1 L'IMPROVISATION AU PIED LEVÉ

Développer l'écoute et l'expression spontanée

OBJECTIF PARTICULIER

Mise en valeur des individus et de leur univers respectif.

CONSEIL

Travailler avec le groupe réuni. Penser au temps de la correction linguistique qui suit toute improvisation.

1 *Improviser autour d'un objet*

L'objet choisi est ici une chaise.

ÉTAPE 1 Proposer tout d'abord une improvisation sans parole, pour que les participants plongent dans l'atmosphère qui se crée autour de l'objet, et qu'ils prennent bien conscience les uns des autres.

Un participant se lève et commence une histoire avec cette chaise : il la manipule pour en faire un bébé, un chien, une voiture… et il commence une histoire muette avec le nouvel objet qu'il a inventé, et qui n'est plus une chaise.

Entre un deuxième participant qui s'intègre dans l'histoire commencée, en y ajoutant sa présence et sa gestuelle ; puis un troisième participant entre dans le jeu des deux autres et progressivement tout le groupe entre en jeu, chacun traitant la chaise à sa manière, sans ignorer les autres avec qui s'imposent forcément des connexions. L'improvisation est ainsi faite ensemble, mais dans le silence.

ÉTAPE 2 Quand cette improvisation silencieuse se termine, il est bon que chacun puisse dire ce qu'il a ressenti, ce qu'il a imaginé comme objet ou ce qu'il entendait comme dialogue intérieur.

Ce moment de discussion en commun fera revivre en mots ce qui vient de se passer en gestes et en mimiques.

ÉTAPE 3 Même chose mais en paroles ; la consigne est de rester à l'écoute des autres.

Cette fois encore les participants vont entrer l'un après l'autre, mais ils vont parler à l'objet en même temps qu'ils le manipulent. Par exemple, si la chaise devient un bébé dans les mains du premier, celui-ci lui parlera comme à un bébé ; si le second imagine que la chaise est un chien, il la caressera et lui parlera comme à un chien, etc. Les improvisateurs peuvent jouer ensemble, s'adresser la parole, ou quitter l'espace quand ils le veulent.

Cette improvisation laisse beaucoup de liberté aux participants, puisqu'elle se joue dans le but d'encourager la communication et l'échange spontanés.

ÉTAPE 4 Pendant l'improvisation parlée, le professeur (ou animateur) prend en notes les fautes de langue. Quand l'improvisation est terminée, il est nécessaire de revenir systématiquement sur les erreurs commises afin de les commenter et de les corriger tous ensemble (voir « La correction après une improvisation »).

2 *Improviser autour du rêve*

Demander aux participants de penser chez eux à un rêve qui les a particulièrement marqués afin de le conserver en mémoire pour la séance suivante.

ÉTAPE 1 Lors de cette séance, on demande aux participants d'évoluer dans le lieu où ils travaillent, en silence, les yeux fermés, avec des gestes au ralenti, comme s'ils bougeaient au fond de l'eau. Chacun est ainsi invité à se replonger en silence dans son rêve.

ÉTAPE 2 Quand l'envie lui prend, une personne commence à raconter son rêve, tout en gardant les yeux fermés et en continuant à bouger au ralenti parmi les autres. Elle raconte en articulant très lentement, en parlant comme dans un rêve.

Les autres continuent à bouger autour d'elle tout en l'effleurant, la caressant, la frôlant. Lorsque cette personne se tait, une autre prend à son tour la parole pour raconter son rêve. Et chacun dira ainsi son rêve aux autres, en évoluant comme dans un rêve. Quand chacun a fait part de son rêve, les participants sont invités à s'asseoir en cercle pour discuter des fautes relevées, et rechercher le vocabulaire qui a pu faire défaut.

ÉTAPE 3 Les participants se séparent en petits groupes de 3 ou 4 personnes. Dans chaque groupe, une personne est choisie pour raconter son rêve tandis que les autres vont le mimer.

EXEMPLE En trio : Hélène, Patricia, Alex. Hélène raconte son rêve, à voix haute, face au public : « J'étais sur un grand bateau à voile... Il y avait des vagues... J'avais mal au cœur... »

(Alex mime quelqu'un qui se penche en se tenant la tête, pris de nausée.)

Hélène continue : « À ce moment, ma mère est apparue à l'horizon... Elle marchait sur l'eau comme dans un grand champ à la campagne... Elle venait vers moi en souriant ! J'étais si surprise que je n'avais plus mal au cœur... »

(Patricia mime la marche sur l'eau et s'avance vers Alex, qui la regarde, tout surpris.)

Le rêve est ainsi raconté et illustré en même temps.

Après une petite préparation, chaque groupe propose une courte représentation du rêve choisi, en respectant la consigne d'une personne qui raconte son rêve tandis que ses partenaires miment. Chaque représentation est suivie d'un temps de correction des fautes linguistiques.

EXERCICE 2

L'IMPROVISATION AU PIED LEVÉ

Enrichir le vocabulaire de la description

OBJECTIF PARTICULIER

Affiner l'expression en jouant avec les nuances sémantiques.

CONSEIL

Encourager à laisser sortir les mots sans réfléchir.

1 *Décrire un objet Trouver des adjectifs qualificatifs*

Les participants sont en cercle.

Quelqu'un jette au centre du cercle un objet (une chaussure, un morceau de craie ou l'éponge du tableau, un papier froissé...).

Chacun à son tour, les participants qualifient l'objet d'un mot. Ils n'ont pas le droit d'utiliser deux fois le même adjectif. Pas le droit non plus de réfléchir longtemps avant de parler. On veillera à ne pas se censurer : laisser les mots venir à l'esprit, même les plus absurdes. Aucune proposition n'est rejetée.

EXEMPLE À partir d'un caillou jeté au centre du cercle :

Personne 1 : petit !

Personne 2 : gris !

Personne 3 : rugueux !

Personne 4 (*va prendre le caillou, le renifle, le remet en place*) : inodore !

Personne 5 : opaque !

Personne 6 : bizarre !

Etc.

Variante : Au lieu d'un objet, c'est une personne, volontaire, qui se met au centre du cercle. Même travail que précédemment.

2 *Décrire une attitude physique Précision des termes*

Le groupe tourne le dos à une personne, A, qui se tient debout ou assise dans une certaine attitude physique. Une autre personne, B, est choisie.

ÉTAPE 1 B regarde A et va décrire au groupe (qui ne voit pas A), la posture physique de A. Il parle lentement et essaie d'être le plus précis possible. En écoutant la description, chacun doit essayer de prendre la même position que A.

EXEMPLE B décrit, à haute voix et lentement, la posture de A (aidé par le professeur, si besoin est) : « A est assise (ceux qui écoutent sans voir s'assoient), les jambes étendues devant elle (ceux qui écoutent sans voir étendent les jambes), les mains croisées sur la nuque (ceux qui écoutent croisent leurs mains sur leur nuque) les yeux fermés, le menton vers la poitrine, etc. »

ÉTAPE 2 Quand B a fini sa description, chaque personne du groupe doit être assise dans ce qu'elle suppose être la position de A.

A vient alors se mettre devant le groupe où chacun a imité plus ou moins bien sa posture d'après la description qui en a été faite, et juge du résultat. A peut reprendre sa position initiale (assise, jambes étendues, les mains sur la nuque...) devant tout le monde pour que chacun puisse comparer avec ce qu'il a compris de sa posture.
Les erreurs seront discutées en commun.

EXERCICE 3

L'IMPROVISATION AU PIED LEVÉ

Travailler sur les verbes

OBJECTIF PARTICULIER

Revoir, de manière ludique, les conjugaisons et plus généralement l'emploi des verbes.

CONSEIL

Après l'improvisation, corriger les phrases fautives et revenir sur les difficultés d'expression.

1 *Raconter : travail sur les temps*

Un des participants va mimer une histoire de l'univers quotidien. Les autres l'observent attentivement pour ensuite raconter ce qu'ils ont compris de cette histoire.

ÉTAPE 1 Un participant mime devant les autres un événement banal de la vie. Par exemple, Richard mime un piéton qui marche dans une crotte de chien ; ou Élisa mime une personne qui cherche à utiliser une cabine téléphonique en panne, etc.

ÉTAPE 2 Après le mime, un des participants spectateurs raconte le plus précisément possible l'histoire telle qu'il l'a comprise. Cela peut donner : « Richard se promenait dans la rue ; il a marché dans une crotte ; il s'est arrêté pour regarder sa semelle ; il avait l'air dégoûté ; il a ensuite essuyé sa semelle sur le bord du trottoir... » Si une expression ou un mot lui manque, les autres et le professeur peuvent lui venir en aide. Les spectateurs peuvent ajouter des détails ou donner leur propre version de l'histoire.

ÉTAPE 3 Celui qui a mimé reprend son histoire ; il fait les gestes en même temps qu'il les verbalise : « Je traverse une rue pour aller chercher le pain ; je marche dans quelque chose de bizarre ; je soulève mon pied pour regarder sous ma chaussure, etc. »

Ainsi les spectateurs retrouvent ce qu'ils avaient compris, ou découvrent ce qui était resté obscur pour eux. Encore une fois, toute lacune de vocabulaire sera comblée par l'entremise des participants et du professeur (ou animateur).

2 *Commander : utiliser l'impératif*

Les participants sont en cercle. L'un d'eux se met au centre. Celui qui est au centre du cercle va faire bouger les autres en donnant diverses consignes à l'impératif, un peu comme le ferait un professeur de gymnastique.

EXEMPLE « Levez les bras, pliez les genoux, mettez les mains sur la tête, fermez les yeux, tendez les jambes, avancez d'un pas, reculez de deux pas, prenez votre voisin de droite par la main, dansez, allongez-vous, etc. » Les autres font ce qui est demandé. En même temps qu'il parle, celui qui dirige exécute également les mouvements. Quand un impératif ou un mot lui manque, une des personnes du cercle peut lui venir en aide ; le professeur peut aussi souffler le mot manquant.

3 *Agir : utiliser des verbes d'action*

Les participants sont assis en cercle.

Première proposition : autour d'un lavabo

Le professeur (ou animateur) leur demande d'imaginer qu'il y a un lavabo au centre du cercle. Puis il demande à l'un des participants d'aller se laver les mains au lavabo imaginaire et de décrire à haute voix tout ce qu'il est en train de faire.

ÉTAPE 1 La personne désignée se lève et s'approche du lavabo imaginaire. Elle décrit précisément chacune de ses actions mimée.

EXEMPLE « Je me lève *(elle se lève)*, je m'approche du lavabo *(elle s'approche du lavabo)*, j'ouvre le robinet *(elle ouvre le robinet imaginaire)*, je prends le savon… je me savonne les mains, je pose le savon, je me rince les mains, je m'essuie avec la serviette. »

Le professeur (ou animateur) la laisse parler, mais tous les participants peuvent intervenir si elle demande une aide parce qu'elle ne connaît pas tel ou tel mot. Le cas échéant, le professeur (ou animateur) intervient lui-même s'il en est besoin.

ÉTAPE 2 Après cette petite démonstration, les fautes sont corrigées ensemble, et les lacunes lexicales comblées (les nouveaux mots sont notés au tableau).

ÉTAPE 3 Le professeur (ou animateur) suggère à un autre participant de décrire ce que fait la personne qui se lave les mains pendant qu'elle mime à nouveau, cette fois silencieusement.

Variantes : Même exercice avec se laver les pieds, se laver les dents, prendre sa douche, prendre son bain, etc.

Deuxième proposition : autour d'un pommier

On imagine un grand pommier au centre du cercle.

À tour de rôle, les participants approcheront de ce pommier imaginaire et décriront minutieusement une courte série de gestes (parfois de pensées) inspirés par la situation. La consigne est de ne jamais faire un geste sans le verbaliser.

EXEMPLE « Je me lève. Je m'approche du pommier. Je lève les yeux vers ses branches. Ça sent bon ! Le soleil se montre à travers le feuillage. Je vois une belle pomme mûre, juste au-dessus de ma tête. Je tends la main pour la cueillir. Je la cueille. Je la regarde. J'hésite à croquer dedans parce qu'elle n'a pas l'air bien mûre. Finalement je la jette à mes pieds. »

Variantes : À la place du pommier, il peut y avoir autre chose (un taxi, une cabine téléphonique, une échelle sous une fenêtre...). L'important est de vivre une brève histoire, faite de gestes, de sensations, de pensées, et de la verbaliser.

Les improvisations préparées

REMARQUE

Comme il s'agit ici d'improviser pour pratiquer et perfectionner le français, les consignes de jeu et les thèmes seront à choisir en fonction des visées de l'apprentissage linguistique.

OBJECTIF GÉNÉRAL

Offrir des thèmes d'improvisation directement associés à des perspectives linguistiques ou culturelles.

EXERCICE 1 — LES IMPROVISATIONS PRÉPARÉES

Enrichir le vocabulaire dans un registre lexical spécifique

OBJECTIF PARTICULIER

Apprendre à nuancer son expression.

CONSEIL

Faire utiliser le dictionnaire pendant la préparation à l'improvisation.

1 *Vocabulaire du corps*

De nombreuses situations mettent en jeu le vocabulaire concernant le corps. Nous en proposons quelques-unes, qui se prêtent à la discussion ainsi qu'à divers développements et variations :

– Un médecin reçoit dans son cabinet un patient hypocondriaque (ou un couple dont l'un des conjoints est hypocondriaque).

– À la piscine, deux personnes complexées physiquement se rencontrent, sympathisent et s'avouent peu à peu leurs complexes.

– À la maternité, un père (ou une mère) se trouve incapable de changer son bébé, de le baigner et de l'habiller; quelqu'un essaie de lui donner des conseils.

EXEMPLE Deux cambrioleurs viennent de cambrioler une villa. Pour s'enfuir ils passent par l'étroite fenêtre d'une salle de bains. Le premier cambrioleur passe, le second cambrioleur reste coincé dans la fenêtre. Son compagnon lui donne des conseils pour l'aider à s'en sortir.

C 1 : Essaie d'avancer plus la tête, oui, et de sortir ton bras droit, là, vas-y ! Tire !

C 2 : Ouais, mais c'est au niveau des hanches que ça ne passe pas !

C 1 : Alors essaie de te tourner un peu sur le côté, et tire avec tes mains sur le rebord de la fenêtre...

C 2 : Aïe ! aïe ! aïe ! ma jambe !

C 1 : Qu'est-ce qu'elle a ta jambe ?

C 2 : Elle est coincée ! J'ai le genou tordu !

C 1 : Panique pas, vieux, essaie de te relaxer, respire à fond...

Etc.

2 *Vocabulaire des sentiments*

Le registre des sentiments permet lui aussi d'imaginer un nombre infini de situations. Le mieux est de choisir un sentiment précis comme thème (l'amour, la haine, la honte, l'étonnement, la culpabilité, la jalousie...) et de laisser les improvisateurs choisir par petits groupes leur contexte.

EXEMPLE Quelques improvisations réalisées sur le thème de **la peur.**

• Trois personnes improvisent : Peter, Tsungai, Maria.

Ils sont dans un désert et meurent de soif. Soudain, Maria aperçoit une oasis au loin, mais un serpent leur barre la route. Peter veut le tuer pour boire son sang, la fille fait une crise d'hystérie, Tsungai interdit qu'on le tue parce que dans son pays (Zimbabwé) les serpents sont sacrés, notamment les pythons. Pendant qu'ils se disputent, le serpent s'éclipse.

• Deux personnes improvisent : Akié et Constance.

En camping sauvage, Akié et Constance sont couchées côte à côte dans leur tente. Akié réveille Constance parce qu'elle a entendu un bruit bizarre dehors et qu'elle a peur de sortir pour voir ce qui se passe. Constance sort de la tente avec une torche pendant que l'autre se cache dans son duvet. Constance ne voit que l'ombre d'un arbre.

Elle décide de se moquer de la peur exagérée d'Akié : « Ah ! je vois des fantômes qui nous encerclent ! » Akié s'enfonce un peu plus dans son duvet, mais tout à coup, Constance aperçoit une ombre bien réelle : celle d'un ours. Elle se précipite alors dans leur voiture. Akié la rejoint, terrorisée par les grognements de l'ours. Elles passent la nuit dans la voiture sans pouvoir fermer l'œil.

• Trois personnes improvisent.

Une jeune fille vient annoncer à sa mère qu'elle va se marier. Elle présente son ami. La mère fond en larmes en disant qu'elle a peur de perdre sa fille, de se retrouver toute seule, de déprimer... Finalement elle s'énerve tant qu'elle commence à tout casser dans la maison. Les jeunes gens s'enfuient, épouvantés.

3 *Vocabulaire de la description*

Voici quelques propositions d'improvisations réalisées par 2 personnes qui mettent en scène la description :

EXEMPLE • Au commissariat de police, une personne vient se plaindre d'avoir été volée. Elle a vu le voleur et s'efforce de le décrire avec précision, en employant beaucoup d'adjectifs. Le policier pose des questions. Il lui demande de décrire aussi le sac qu'on lui a volé et tout son contenu. Il peut demander aussi de décrire le lieu où s'est passé le vol. La situation peut devenir très comique si le policier se révèle être le voleur. Dans ce cas, la description du voleur correspondra exactement au physique du policier.

• Une personne A raconte à une personne B son dernier coup de foudre. B pose des questions et A décrit en détail l'objet de son amour. B devient furieux parce qu'il s'aperçoit que A aime la même personne que lui.

• Un couple prépare ses valises pour partir en voyage. En même temps, chacun décrit ses espérances concernant ce voyage romantique à deux. Ils s'aperçoivent alors peu à peu qu'ils ne s'accordent pas du tout, ni dans leurs attentes ni dans leurs goûts, et annulent le voyage, ou partent chacun de leur côté.

4 *Vocabulaire du quotidien*

Il s'agit là d'un très large registre de vocabulaire englobant les ustensiles de cuisine, de toilette, de ménage, comme les actions quotidiennes du coucher, du lever, de l'habillement, ainsi que les expressions toutes faites concernant le temps, les difficultés financières, les problèmes de santé, etc. Des thèmes d'improvisation seront trouvés sans mal, en pensant tout simplement à ce qui nous arrive chaque jour.

EXEMPLE À partir du thème de **l'eau.**

• Deux improvisateurs jouent l'histoire d'une femme enceinte qui monte dans un taxi, perd les eaux dans le taxi et se retrouve accouchée par le chauffeur de taxi, sous la pluie, avec pour tout soutien une bouteille d'eau minérale qui sert à laver le nouveau-né.

• Une personne se trouve sous la douche et constate que l'eau est coupée. Elle appelle la gardienne de son immeuble. La voisine d'à côté sort et l'accuse de passer des heures sous la douche et d'être responsable de la coupure d'eau. La gardienne essaie de calmer la dispute.

• Un homme s'aperçoit que de l'eau dégoutte de son plafond. Il monte chez sa voisine du dessus pour lui signaler la fuite. La voisine était en train de se doucher et le reçoit très mal.

• Une femme appelle pour avoir un plombier parce que son chauffage ne fonctionne pas. Comme elle n'arrive pas à décrire clairement la panne, le plombier lui demande si elle a un mari qui pourrait mieux expliquer la situation. La femme réagit en disant qu'elle n'a pas besoin d'un mari mais d'un plombier...

Variantes : En complément du thème de l'eau viennent les thèmes du feu, de l'air, de la terre, qui peuvent également inspirer de multiples situations quotidiennes.

5 *Vocabulaire par les proverbes et les morales*

Les proverbes sont une mine de vocabulaire et d'expressions idiomatiques : « Mieux vaut un bon tiens que deux tu l'auras. » ou « Qui sème le vent récolte la tempête. » ou « Jamais deux sans trois ! » ou « Après la pluie le beau temps. » ou « Tout vient à point à qui sait attendre. », etc. Un proverbe est susceptible de devenir à lui seul un sujet d'improvisation.

La morale d'une fable convient très bien aussi à l'improvisation. Par exemple, après avoir travaillé ensemble la fable *Le Loup et l'Agneau,* de La Fontaine, il est intéressant de demander aux étudiants (ou participants) d'improviser sur une morale comme « la raison du plus fort est toujours la meilleure ».

Avant que les participants ne se mettent à préparer leur improvisation sur des sujets de ce genre, il est bénéfique de discuter ensemble des interprétations du proverbe ou de la fable en question, de bien caractériser les personnages, le lieu et les événements de la fable.

EXERCICE 2 LES IMPROVISATIONS PRÉPARÉES

Travailler la grammaire

OBJECTIF PARTICULIER
Aborder la grammaire par le biais de l'improvisation.

CONSEIL
Faire précéder les improvisations d'une discussion commune où l'on cherche ensemble des exemples de situations qui peuvent inspirer les improvisateurs.

1 *La comparaison*

Consigne : Trouver une situation où les personnages comparent leurs capacités à réaliser quelque chose ou les moyens d'accomplir un projet, ou les avantages d'une situation, etc.

EXEMPLE • En duo : Une improvisation a lieu entre deux représentants qui vantent chacun leurs produits cosmétiques à deux sœurs très coquettes.

• En quatuor : Une famille discute du meilleur moyen de voyager. La femme aime la voiture, le mari préfère le train, la fille veut partir en avion, le fils veut rester à la maison.

2 *Les pronoms personnels compléments*

Consigne : Employer les pronoms pour éviter les répétitions.

EXEMPLE • En duo : Une personne parle de quelque chose sans préciser de quoi il s'agit :
Dans le train, une personne se tourne vers une autre pour lui demander de l'aider à chercher quelque chose qu'elle vient de perdre. L'autre voudrait bien l'aider, mais ne sait pas de quoi il s'agit :

A : Vous ne l'avez pas vue ? Je viens de la perdre.

B : Pardon ?

A : Elle est tombée par terre, probablement.

B : Quoi ?

A : Je l'avais encore tout à l'heure, mais je viens de m'apercevoir que je ne l'ai plus.

On apprend finalement qu'il s'agit d'une boucle d'oreille.

• En trio : l'étourderie.
Trois amis se rendent à une fête. Chacun à son tour, ils s'aperçoivent qu'ils ont oublié quelque chose. Au moment de prendre le bus, le premier s'aperçoit qu'il a oublié son portefeuille. Dans le bus, le deuxième ne sait plus où il a mis son ticket. Le troisième a oublié chez lui le papier où il avait

écrit l'adresse de la fête. Leur étourderie donnera lieu à différents petits dialogues où interviendront les pronoms :

En montant dans le bus…
A : J'ai oublié mon portefeuille !
B : Tu es sûr ? Tu l'as peut-être mis dans ton sac !
C : Cherche-le dans ta poche de manteau.
A : Non, je ne le trouve pas. J'ai dû le laisser chez moi !
B : Tiens, prends ce ticket. Tu as de la chance, j'en ai deux.
Dans le bus…
B : Je ne trouve plus mon ticket !
A : Tu l'avais en montant.
C : Tu l'as perdu ? Il faut en acheter un autre.
À l'arrivée…
C : Où est-ce que je l'ai mise ?
B : Quoi ?
C : L'adresse ! Je ne la trouve plus !

Etc.

3 *Le discours indirect*

Consigne : Trouver une situation où les personnages sont obligés de se servir d'intermédiaires pour s'entendre.

EXEMPLE

• En quator :
Deux fiancés sourds se rendent chez le maire du village, qui est sourd aussi, pour organiser leur mariage ; une amie fait « l'interprète » entre les trois.

• En trio :
Dans un bar, un homme repère une femme et lui fait dire, par la serveuse, qu'il aimerait la rencontrer. La femme fait répondre qu'elle n'est pas intéressée. Puis elle apprend qu'il est réalisateur de cinéma, alors elle se rétracte et finalement lui fait savoir qu'elle voudrait le rencontrer. Mais il est trop tard…

• En trio :
Dans un magasin, une cliente difficile et une vendeuse stupide. Chaque fois que la cliente demande un renseignement, la vendeuse va s'informer auprès de sa patronne et rapporte la réponse à la cliente : « Ma patronne a dit que… » puis à la patronne : « La cliente demande si… »

• En trio :
Une fille amène son vieux père sourd chez le médecin. Celui-ci se plaint de douleurs au ventre. Le patient ne comprend rien à ce qu'on lui dit. Le médecin ne comprend pas non plus le patient. La fille fait l'intermédiaire : « Mon père dit que… » et, s'adressant à son père : « Le docteur dit que… ».

4 *Le système hypothétique*

Consigne : L'expression « Si j'avais su... » doit apparaître à un moment donné dans l'improvisation.

EXEMPLE • En duo
Un jeune homme apprend qu'il a été retenu pour un emploi. Il est très heureux. « Si j'avais su que c'était aussi facile de trouver du travail, j'en aurais cherché plus tôt ! »

Arrivé chez son patron, il apprend qu'il doit faire le ménage dans les bureaux de l'entreprise : « Si j'avais su qu'il fallait faire le ménage, je n'aurais pas signé le contrat ! » Il veut donner sa démission. Le patron est furieux : « Si j'avais su que vous étiez aussi paresseux, etc. »

• En trio :
Trois copines dans un magasin. Elles se disputent parce qu'elles veulent toutes les trois la même robe.

« Si j'avais su que tu voulais la même robe que moi, je ne t'aurais pas amenée ici !

— Comme tu es égoïste ! Si j'avais su ! Je me demande pourquoi je suis ton amie !

— Vous m'énervez toutes les deux ! Vous êtes trop têtues ! Si j'avais su ! En tout cas, moi je m'en vais ! »

Etc.

5 *Une forme particulière : « Avoir beau »*

On peut aussi proposer, comme tremplin d'une improvisation, des formes verbales particulières ou des expressions idiomatiques, voire des conjonctions et des adverbes ou tout autre élément du discours sur lesquels on souhaite travailler ; la consigne reste de faire entrer le terme choisi dans l'improvisation à un moment donné.

Ce genre de « défi » est propice à l'invention de situations ou de conversations cocasses qui incitent à une réflexion plus poussée sur le langage et la communication dans la vie quotidienne.

Consigne : Utiliser le plus possible l'expression *« avoir beau »* au cours de l'improvisation.

EXEMPLE • En duo :
Un amoureux déçu se confie à un ami : « J'ai beau lui envoyer des fleurs, elle ne me prend pas au sérieux. » Et l'ami utilise le conditionnel pour donner des conseils : « Tu devrais lui écrire. » L'autre répond : « J'ai beau lui écrire, elle fait semblant de ne pas comprendre... »

• En trio :
Karine se retrouve enfermée dans sa salle de bain, dans un hôtel. Elle appelle sur son portable son amie, Éva, pour lui demander de prévenir le réceptionniste de l'hôtel. Elle explique sa situation : « J'ai beau tourner la poignée, la porte ne s'ouvre pas, j'ai beau crier, personne ne m'entend. » Éva appelle le réceptionniste : « Allô ? L'hôtel X ? J'appelle pour une urgence. Mon amie est enfermée dans sa salle de bain,

elle est sous la douche. Elle a beau crier, personne ne vient la délivrer. » Le réceptionniste dit ensuite qu'il faudrait prévenir le technicien de l'hôtel, mais que celui-ci déjeune et ne rentrera que dans une heure. Éva proteste : « Mais mon amie a beau être très patiente, elle ne peut pas attendre une heure ! » La jeune femme dit alors au réceptionniste d'aller voir lui-même. Il s'indigne : « J'ai beau être zélé, je ne me mêle pas des affaires des autres ! »

• En trio :
Une mère et son fils chez le psychiatre. La mère : « Nous avons un grand problème. Mon fils veut me quitter. » Le fils proteste qu'il a trente ans. La mère se défend : « J'ai beau tout faire pour lui, il veut partir. » Et lui rétorque : « J'ai beau apprécier ma mère, j'ai besoin de liberté ! » Le psy : « J'ai beau essayer de comprendre, je suis perdu dans votre histoire ! » La mère : « Vous avez beau être psy, vous ne connaissez rien en psychologie ! », etc.

6 *Les modes*

Consignes : Imaginer une situation où des personnages se rencontrent en état de semi-amnésie ; ils ne savent plus bien qui ils sont, où ils se trouvent, d'où ils viennent, etc.
Utiliser les expressions : *je crois que, je ne suis pas sûr que, ça m'étonnerait que, il est possible que, je doute que, il me semble, on dirait que*, etc.

EXEMPLE • Manuel arrive et dit au public :

« Je crois que je m'appelle Rodolphe, mais je ne suis pas sûr que ce soit vrai. J'aimerais bien qu'on me dise où je suis. On dirait que je suis dans un jardin public. Il semble que ce soit un jardin anglais. Je crois que j'ai une femme quelque part. Je vais l'appeler pour lui demander où je suis… Je ne sais pas ce que j'ai fait de mon portable. » Une passante arrive. Manuel lui demande de lui prêter son portable pour appeler sa femme. Il appelle sa femme pour lui demander qui il est, et où il est. La passante veut son portable. Elle a, elle aussi oublié qui elle est, et veut appeler quelqu'un…

Bref, l'improvisation tourne à l'absurde et devient très comique.

• Trois personnes se rencontrent dans ce qu'elles croient être le désert ; elles s'interrogent sur leur identité et leurs pays respectifs, pour finalement découvrir qu'elles sont à la plage.

• Deux personnes se réveillent dans un terrain vague après un accident d'avion, elles ont perdu la mémoire.

EXERCICE 3 — LES IMPROVISATIONS PRÉPARÉES

À partir de documents authentiques

OBJECTIF PARTICULIER

Travailler la langue en rapport avec un contexte culturel et informatif.

CONSEIL

Proposer aux participants d'apporter eux-mêmes des documents qui puissent servir de support à des improvisations.

1 *Une interview dans la presse*

ÉTAPE 1 Faire lire l'interview à voix basse, puis laisser libre cours aux remarques ou aux questions spontanées. Expliquer ce qui n'a pas été compris.

ÉTAPE 2 Proposer une lecture à voix haute. Ceux qui lisent s'efforceront de « mettre le ton » et de s'impliquer dans la lecture comme s'ils étaient en train de parler. Plusieurs lectures à voix haute, avec des voix différentes, aideront à s'imprégner de l'esprit et du contenu de l'interview.

ÉTAPE 3 Après la lecture de l'interview, abandonner le texte écrit. Les participants reproduiront l'interview de mémoire.

Les participants se mettent par 2. L'un jouera le journaliste, l'autre la personne interrogée. Pendant l'improvisation, ils vont recréer le dialogue avec leur propre vocabulaire, en ajoutant ou modifiant ce qu'ils veulent, mais les thèmes abordés dans la conversation d'origine doivent rester présents.

EXEMPLE On peut trouver, dans un magazine, l'interview d'une personne à la mode (chanteur, chanteuse, acteur ou actrice) dont les participants s'amuseront à caricaturer les tics. Le journaliste qui interroge pourra également être assez « typé » dans sa façon de s'exprimer et de prendre le public à partie.

2 *Une publicité*

Une affiche publicitaire, par son slogan ou par l'image, peut inspirer l'improvisation.

ÉTAPE 1 Tous les participants sont assis en cercle ; chacun regarde l'affiche et lit son slogan, puis la parole est donnée pour une discussion sur le sens de cette publicité et ce qu'on peut en tirer. Les participants échangent des idées qui vont servir à leurs improvisations.

ÉTAPE 2 Les participants se divisent en petits groupes pour improviser.

Voici quelques propositions d'improvisation :

– Les participants mettront en scène les personnages de l'affiche, et inventeront une situation qui convient à ces personnages.

– Un représentant vante son produit en utilisant les termes de l'affiche, sans pour cela convaincre forcément son client.

– Un client vient accuser un patron d'entreprise de « publicité mensongère » en critiquant, point par point, le produit vanté sur l'affiche, et la manière dont il est mis en valeur.

3 *Une biographie*

La biographie permet de stimuler l'intérêt des participants à la fois pour une personnalité, pour une œuvre, et pour une époque. Elle offre un matériel très riche pour l'improvisation.

EXEMPLE Une biographie de Molière

Les participants ont lu et discuté la biographie entre eux et avec le professeur (ou animateur). Des extraits de l'œuvre de Molière peuvent être proposés à cette occasion, pour un autre type de travail.

La consigne est ensuite d'imaginer un journaliste contemporain qui interroge Molière revenu parmi nous : « Que pensez-vous du cinéma ? Préférez-vous votre époque ou la nôtre ? Que pensez-vous du théâtre aujourd'hui ? Avez-vous eu beaucoup de problèmes avec les femmes ? On dit que le roi vous aimait bien ? Est-ce vrai ? » Etc.

Les participants peuvent imaginer beaucoup d'attitudes à partir de cette situation : par exemple, Molière répond en prenant des airs d'acteur américain, Molière arrive sous forme de fantôme, Molière est très bon enfant, mais ne comprend rien à ce qui lui arrive, etc.

4 *Un dessin humoristique*

Les participants créent une scène, ou un dialogue à partir d'un dessin humoristique (Sempé, Brétécher, Reiser, etc.)

EXEMPLE D'après un dessin de Sempé (*Tout se complique,* Denoël, 1972, pp.36-37).

Le dessin montre une femme qui a décidé d'empoisonner son mari en versant une poudre mortelle dans son verre de vin. Mais le mari met très longtemps avant de se décider à boire. La femme passe alors par toutes les frayeurs imaginables, se demandant si oui ou non, il tombera dans le piège…

À partir de ce dessin sans texte, on peut imaginer différents types de relations au sein de ce couple : les deux personnages se détestent ou l'homme aime sa femme, l'idolâtre même, tandis qu'elle le déteste.

L'intérêt de ce dessin est d'être muet. La consigne est donc de faire penser les personnages à haute voix. Les deux participants qui improvisent s'expriment à la fois pour eux-mêmes et pour le public qui les écoute.

La femme se retourne légèrement sur sa chaise et s'inquiète tout haut de la lenteur avec laquelle son mari se prépare à boire. Le mari, lui, s'étonne à voix haute de la nervosité de son épouse, admire la couleur du breuvage, pense à sa maîtresse, etc. Chacun est plongé dans son monde, dans sa bulle, et très peu de paroles « directes » sont échangées entre les personnages.

CHAPITRE 3

Parler avec un texte

L'expérience de la mémorisation donne de l'assurance à l'apprenant. À l'idée de devoir jouer par cœur, la première réaction est souvent la panique. Il est préférable de commencer par des textes courts, facilement mémorisables, comme des poèmes de Jean Tardieu, par exemple.

Quand l'apprenant prend conscience de sa capacité à mémoriser des phrases, puis des répliques complètes, il en éprouve une satisfaction qui l'encourage à « se lancer ». Il se sent libre de bouger, de faire des mimiques, de répondre à son partenaire, sans plus avoir à s'inquiéter du « comment dire ». Les mots qu'il a appris conviennent à la situation, il n'a plus à les chercher. Il peut donc se concentrer sur l'intention qu'il veut y mettre à travers l'intonation, le débit lent ou rapide, l'expressivité du geste et de la mimique.

C'est pour l'étudiant l'occasion de découvrir le plaisir de dominer la langue, de s'en faire une complice. En s'appuyant sur « la parole connue », il éprouve une assurance qui pourra l'aider, par la suite, dans les « improvisations » de la vie au quotidien.

Le français par les textes mémorisés

REMARQUE

Un texte à mémoriser se travaille comme une partition de musique, c'est-à-dire un peu chaque jour, avec constance; à mesure que la mémoire se forme, il est de plus en plus facile d'apprendre par cœur (pour le choix des textes, voir la bibliographie en fin de volume).

OBJECTIF GÉNÉRAL

Acquérir du vocabulaire et des réflexes de réparties, assimiler de nouvelles formes syntaxiques.

EXERCICE 1

LE FRANÇAIS PAR LES TEXTES MÉMORISÉS

Pour aider à mémoriser travail de groupe

OBJECTIF PARTICULIER

Entrer dans les textes de manière ludique pour motiver les apprenants et les inciter à apprendre par cœur.

CONSEIL

Rester vigilant en ce qui concerne la clarté de l'énonciation du texte.

1 *Dire en chœur avec un chef de chœur*

L'un des participants est désigné comme le chef de chœur.

Les autres participants se divisent en deux chœurs qui se placent devant le chef. Chacun tient son texte en main si la mémorisation n'est pas encore sûre.

Le chef fait signe à l'un des chœurs, qui commence à dire le texte, en gardant un œil sur le chef. Puis, quand il le souhaite, le chef fait signe à ce chœur de se taire et se tourne vers le second chœur qui continue la lecture, guidé par les gestes du chef; celui-ci passe d'un chœur à l'autre à sa guise. Par la gestuelle et la mimique, il indique la manière de dire : par exemple, un geste grandiose pour indiquer qu'il souhaite un *forte,* ou le doigt sur la bouche pour signifier *pianissimo.*

La diction variera selon qu'il fait des gestes souples ou saccadés, lents ou rapides. Les voix peuvent monter si le chef montre le plafond, ou devenir plus graves s'il montre le sol, etc. C'est à lui de guider les chœurs dans leur interprétation. Un texte dit (ou lu) peut se moduler comme une musique.

Cette activité s'adapte à tous les genres de textes. S'il s'agit d'une pièce de théâtre, les chœurs se répondent, suivant les répliques. S'il s'agit d'un poème, chaque chœur enchaînera à son tour un certain nombre de vers, ou un seul vers, selon les désirs et indications du chef. S'il s'agit d'un texte en prose, le chef le coupe où il veut pour le partager entre les deux chœurs. L'objectif reste de familiariser les apprenants avec les mots de façon à ce qu'ils les mémorisent plus rapidement, ou plus sûrement.

2 *Dire en écho*

EXEMPLE À partir du dialogue intitulé « Subjonctif » (dans *Pièces et dialogues pour jouer la langue française*, Retz, 1999).

Deux participants, qui connaissent le dialogue par cœur, se proposent pour être les « meneurs ». Derrière chacun d'eux se placent deux ou trois personnes.

Le premier meneur dit la première réplique du dialogue :

— Je n'en peux plus !

Aussitôt les deux personnes qui sont placées derrière lui répètent, chacune à son tour, cette réplique, comme en écho, sur le même ton, et avec les mêmes gestes que le meneur.

Après ces deux échos, le second meneur dit sa réplique :

— Il faut que ça finisse !

Et derrière lui, les deux personnes qui font l'écho répètent, chacune à son tour, en l'imitant. Aussitôt après le premier meneur continue :

— Nous avons eu assez de patience.

Derrière lui se font alors entendre les deux échos, etc.

Les deux meneurs vont essayer de ne pas se laisser déconcentrer par leurs « échos » et de jouer les personnages du mieux qu'ils peuvent.

Les personnes qui parlent en écho derrière les meneurs doivent répéter rapidement, pour ne pas faire traîner la scène en longueur.

Cette activité permet d'encourager ceux qui ont des problèmes pour mémoriser, ou qui sont très timides et qui ont peur de s'exprimer seuls face aux autres.

3 Dire avec ses mains

Il est facile d'improviser un petit théâtre de marionnettes : deux chaises côte à côte avec des manteaux sur les dossiers, ou deux personnes qui tiennent un drap tendu.

Deux participants se placent derrière le drap. On voit apparaître leurs mains au-dessus du drap. Ils vont alors dire leur texte (par cœur ou lu) comme si c'était leurs mains qui parlaient. Les mains sont utilisées comme des marionnettes.

S'il s'agit d'une pièce, les mains incarnent les personnages. S'il s'agit d'un poème ou d'un texte en prose, un temps de préparation est laissé aux participants pour qu'ils se mettent d'accord sur le partage du texte. Au moment de présenter leur texte, ils font apparaître une main ou l'autre, chaque fois qu'ils prennent la parole. Les mains bougent en fonction du rythme et de la mélodie des phrases.

EXERCICE 2 LE FRANÇAIS PAR LES TEXTES MÉMORISÉS

Aprendre et jouer avec un poème

OBJECTIF PARTICULIER

Travailler l'accent tonique, en rapport avec la mélodie et le rythme de la langue; travailler la voix et l'intonation.

CONSEIL

Insister sur l'importance d'écouter l'autre, et de créer une entente commune dans le groupe.

1 *Travail extrait d'un poème de Jean Tardieu*

« Dans le feu », Oracle, p. 131, *Le Fleuve caché*, Poésie Gallimard, 1968.

[...] Dans le feu
dans le feu
dans le feu dans le feu
Dans le feu de la terre
Je mettrai mes deux mains. [...]

Les participants sont debout, en cercle. Le professeur dit les vers lentement, et fait remarquer qu'on répète 5 fois les mêmes termes, ce qui rend la mémorisation facile.

ÉTAPE 1 Aborder le poème par le rythme.

Faire taper dans les mains le rythme ternaire des vers : 3 temps pour chaque groupe de mots. Le professeur donne l'exemple.

Puis chaque participant dit un vers, en battant les trois temps dans ses mains et en enchaînant dès que son voisin a fini. Ainsi « Dans le feu » sera dit 5 fois, par 5 personnes différentes, avant que le 6e participant enchaîne « de la terre », le 7e « je mettrai », le 8e « mes deux mains ». L'enchaînement est repris tout de suite.

Le groupe doit parvenir à enchaîner le poème plusieurs fois sans hésitation, comme d'une seule voix.

ÉTAPE 2 Bouger sur l'accent tonique.
On enchaîne à nouveau le poème, chacun disant un vers, mais, cette fois,

on avance d'un pas sur l'accent tonique qui se trouve sur le 3e temps de chaque groupe de mots.
Quand on ne peut plus avancer (car il faut enchaîner ces vers plusieurs fois pour trouver le rythme du groupe), on recule.

EXEMPLE Ceux qui disent « Dans le feu » avancent d'un pas sur **feu**, le suivant dit « je mettrai » en avançant d'un pas sur **trai**, le suivant dit « mes deux mains » en avançant d'un pas sur « mains », etc.

ÉTAPE 3 La « diction chorégraphique » (par groupes de 3 ou 4).

Chaque petit groupe prépare une « chorégraphie » sur le poème, qui est maintenant su par cœur : au sein du groupe, les participants enchaînent les vers chacun à son tour, mais ils bougent au moment où ils parlent, et restent immobiles dans la position où les a conduit leur mouvement, dès qu'ils ont fini leur vers, jusqu'à ce que leur tour de dire un vers revienne.

Cette préparation ne dure qu'une dizaine de minutes. Les gestes restent spontanés et ne doivent pas être mémorisés. Les participants préparent surtout l'enchaînement fluide des vers. À chaque vers, leur intonation guide leur geste.

ÉTAPE 4 La diction chorégraphique devient spectacle.

La chorégraphie est montrée comme un petit spectacle. Le poème doit être dit le plus rapidement possible, pour donner une impression de fluidité. Comme il est court, il sera enchaîné plusieurs fois avec des gestuelles différentes.

EXEMPLE 1er participant : « Dans le feu » (il lève le bras droit et reste dans cette position); 2e participant : « Dans le feu » (il se penche en avant et reste ainsi); 3e participant : « Dans le feu » (il s'accroupit et conserve cette attitude); 4e participant : « Dans le feu » (il met les mains sur son visage et reste ainsi) ; 1er participant : « Dans le feu » (il s'agenouille et reste dans cette position); 2e participant : « De la terre » (il pose les mains sur les épaules du 1er participant); 3e participant : « Je mettrai » (il appuie son front sur le dos du 2e participant); 4e participant; « Mes deux mains » (il dévoile son visage).

2 *Travail sur un extrait d'un poème de Jules Supervielle*

« Alter ego », *Le Forçat innocent,* Poésie Gallimard, 1976.

Une souris s'échappe
(Ce n'en était pas une)
Une femme s'éveille
(Comment le savez-vous ?)
Et la porte qui grince
(On l'huila ce matin) [...]

Les participants sont debout, en cercle. Le poème est lu dans sa totalité, et expliqué en commun.

ÉTAPE 1 Travail rythmique sur le premier vers du poème : « Une souris s'échappe ».

Le professeur (ou animateur) donne le modèle rythmique : il scande à haute voix le premier vers du poème en frappant chaque temps dans ses mains : U/ne/sou/ris/s'é/chappe (6 battements réguliers, le *e* muet de « s'échappe » ne comptant pas pour un temps).

Les participants, l'un après l'autre, scandent à leur tour ce vers à 6 temps, en l'articulant à haute voix et en frappant chaque temps dans leurs mains.

ÉTAPE 2 Travail de la voix sur ce vers.

Voix grave pour les 4 premiers temps de « U/ne/sou/ris », et voix aiguë pour les deux derniers temps « s'é/chappe ». Chacun dit le vers à son tour, avec deux voix différentes.

ÉTAPE 3 Associer la voix au geste.

Se soulever sur la pointe des pieds pour « u/ne/sou/ris » dit d'une voix aiguë sur 4 temps, et se courber en avant brusquement pour « s'é/chappe » dit d'une voix grave sur deux temps (ou l'inverse par exemple). Chacun dit le vers de cette manière.

Quelqu'un propose une variation rythmique pour le vers suivant (par exemple : les premiers temps accélérés, les derniers temps ralentis).

On répète, un par un, dans le cercle, la version proposée ; puis on ajoute le travail de voix, et enfin le geste, chaque étape réclamant toujours au moins un tour de cercle pour que les participants assimilent le modèle.

ÉTAPE 4 Diction chorégraphique.

Les participants se divisent en petits groupes de 3 ou 4 pour préparer leur propre version du poème. Ils enchaînent les vers du poème (chacun lisant ou disant un vers) en essayant de faire varier les rythmes, les voix et d'ajouter des mouvements, pour arriver à une petite chorégraphie agréable à regarder.

Si la difficulté est trop grande, se limiter à deux composants (rythme et mouvement, ou voix et mouvement).

Variante : travail à deux sur l'intonation.

Comme le poème est construit en dialogue, il est intéressant de le faire travailler comme tel, avec des nuances d'intonations très marquées. Les participants se mettent par deux, et choisissent deux intonations contrastées : grossière et raffinée ; timide et sûre de soi ; emportée et très calme, etc.

EXEMPLE Élisa et Robert jouent le poème à deux voix.

Élisa, *avec colère* : Une souris s'échappe.

Robert, *joyeusement* : Ce n'en était pas une.

Élisa, *furieuse, tapant du pied :* Une femme s'éveille.

Robert, *extasié :* Comment le savez-vous ?

Le dialogue continue ; Élisa garde un ton agressif, coléreux, et Robert, au contraire, dit ses vers sur un ton plein d'entrain et de joie de vivre.

3 *Bouger avec un poème*

Avec un poème de Verlaine

«Colloque sentimental», Fêtes Galantes, dans *Œuvres poétiques complètes,* Robert Laffont, coll. «Bouquins», 1992.

Le poème est lu dans sa totalité et expliqué, avant de commencer les activités suivantes :

ÉTAPE 1 Essayer tout simplement de marcher sur le rythme du texte. Dire le texte à haute voix, en même temps qu'on marche, en marquant avec ses pas le rythme du texte (qui peut être lu, s'il n'est pas encore appris par coeur).

Dans le vieux **parc** solitaire et gla**cé**

Deux **for**mes ont tout à l'heure pa**ssé**

Leurs yeux sont **morts** et leurs lèvres sont **molles**

Et l'on entend à **peine** leurs par**oles**.[...]

(Un pas sur chaque accent marqué en gras.)

ÉTAPE 2 Quand le rythme est assimilé dans la marche, les participants se regroupent par deux et travaillent debout.

L'un va dire ou lire le poème en variant les rythmes des vers, l'autre suivra ces rythmes par le mouvement de son corps (pas seulement les bras ou les jambes !). Autrement dit, il va bouger en essayant de respecter les accélérations, les ralentis que le diseur donne au texte. Il est important aussi de ménager des silences dans le texte, silences durant lesquels celui qui bouge s'arrête dans la position où le silence l'a surpris, laissant le mouvement en suspens.

EXEMPLE «Dans le vieux parc» (rythme rapide) = quatre mouvements rapides ;

«so/li/taire/et/gla/cé» (rythme lent) = six mouvements lents ;

«deux/formes (rapide) ont/tout/à/l'heure (rythme lent) = mouvement rapide + mouvement ralenti;

pa/ssé (silence) leurs/yeux (silence) sont/morts (rapide) = mouvement suspendu + mouvement suspendu + mouvement rapide.

ÉTAPE 3 Après s'être entraînés, les participants inversent les rôles du diseur et du danseur. Chaque duo fait une petite représentation devant les autres pour finir.

Créer à partir d'un texte

REMARQUE

La mémorisation donne toute liberté de bouger et d'imaginer à partir d'un texte. Les mots connus inspirent d'autres mots et de nouvelles manières de les utiliser.

OBJECTIF GÉNÉRAL

Utiliser la mémorisation comme tremplin à la créativité dans l'expression.

EXERCICE 1 — CRÉER À PARTIR D'UN TEXTE

S'approprier les mots

OBJECTIF PARTICULIER

Personnaliser l'expression.

CONSEIL

Encourager les apprenants à OSER!

1 *Glisser ses propres mots dans un texte*

Par l'intermédiaire d'un texte, on va parler de soi à travers des mots donnés qui permettent à la fois de se cacher et de se révéler, grâce au jeu de la métaphore.

À partir d'un poème de Baudelaire

« L'Étranger », *Le Spleen de Paris,* Librio, 2001.

ÉTAPE 1 Lire ensemble et commenter librement le poème.

ÉTAPE 2 Les participants se mettent ensuite par groupes de 2 pour imaginer une variation sur le poème, en gardant approximativement les questions, mais en changeant les réponses pour y introduire de leur propre personnalité. Ils seront à tour de rôle « l'étranger » qui se présente à travers les réponses.

ÉTAPE 3 Après un temps de préparation, ils joueront leur poème devant les autres.

EXEMPLE Variations sur « l'Étranger »

Marie : Qui aimes-tu le mieux, homme énigmatique, dis ? Ton père, ta mère, ta sœur ou ton frère ?

Pierre : J'aime toute ma famille, mais je me dispute souvent avec mon père.

Marie : Tes amis ?

Pierre : J'en ai plein ! C'est important les amis.

Marie : Ta patrie ?

Pierre : J'aime voyager. Je me sens chez moi dans tous les pays.

À partir d'un extrait d'un poème de Jean Tardieu

« Nouvelle Énigme pour Œdipe », *L'Accent grave et l'accent aigu, Poèmes 1976-1983,* Poésie Gallimard, 1993.

Voici un extrait du poème :

Est-ce que c'est une chose ?
Non.
Est-ce que c'est un être vivant ?
Non. [...]
Est-ce qu'il vole ?
De plus en plus. [...]
Est-ce qu'il se nourrit de fruits, de plantes ? [...]

ÉTAPE 1 Lire et commenter le poème ensemble.

ÉTAPE 2 Les participants travaillent par 2, en gardant cette perspective des « variations ». Comme les questions dans le poème sont à la troisième personne, celui qui interroge les transpose à la deuxième personne du singulier ou du pluriel. Le questionné peut y répondre à sa guise :

EXEMPLE Le questionneur : Tu es une chose ?

Le questionné : Oui, une belle chose.

Le questionneur : Tu es un être vivant ?

Le questionné : Oui, bien vivant.

Le questionneur : Est-ce que tu voles ?

Le questionné : Non, parce que j'ai peur des flics.

Le questionneur : Est-ce que tu te nourris de fruits, de plantes ?

Le questionné : Non, je ne suis pas végétarien, moi !

Les dialogues inspirés de ces variations sont joués devant le groupe.

La pièce de Jean Tardieu, *Finissez vos phrases* (« La Comédie du langage », Gallimard, Folio n° 1861, 1987), offre un excellent support à ce genre d'activité. La consigne est de jouer la pièce en finissant les phrases, que l'auteur a laissées en suspens.

2 *Détourner les mots de leur sens*

Cette activité demande une certaine capacité d'abstraction.
Prenons par exemple le célèbre monologue de *L'Avare*, de Molière, quand Harpagon découvre qu'on lui a volé son argent.

Il sera demandé aux participants de garder les mots de ce texte, mais de jouer sur l'intonation, les mimiques, les regards et les gestes pour faire de ce monologue une déclaration d'amour mal reçue. Le sens des mots s'efface alors au profit de la manière dont ils sont dits, dont ils sont « réinventés ».

EXEMPLE Deux participants (A et B) en présence. On les imagine dans un café, sur un banc, dans un jardin public, etc.

A *prenant la main de B* : Au voleur ! Au voleur ! *(sur le ton passionné de « Je t'aime ! Je t'aime ! »)*

B, *retirant sa main* : À l'assassin ! Au meurtrier ! *(sur le ton énervé de « Laisse-moi tranquille ! »)*

A, *très affligé, essaie de plaider sa cause :* Justice, juste ciel ! je suis perdu, je suis assassiné ; on m'a coupé la gorge : on m'a dérobé mon argent ! *(sur le ton de « Tu sais que je t'aime, pourquoi me rejeter, cela me fait tant de mal »), etc.*

Cette activité mettra en valeur l'importance de l'intonation, du geste et de la mimique dans l'interprétation d'un échange oral. Parfois, les mots comptent moins que la façon de les dire.

EXERCICE 2

CRÉER À PARTIR D'UN TEXTE

S'exprimer à partir d'un texte

OBJECTIF PARTICULIER

Développer la spontanéité et l'esprit de repartie.

CONSEIL

Se référer aux développements sur l'improvisation à certaines étapes du travail.

1 *Travailler la narration spontanée*

L'un des participants s'en tient au texte appris, et le second participant s'implique dans le texte, pour le « déborder » en actes et en paroles.

EXEMPLE À partir d'un texte de Raymond Queneau,

« Analyse logique », *Exercices de style*, Folio n° 1363, Gallimard, 1991.

Il y a deux participants : A et B.

A va dire le texte de Queneau, en faisant des pauses, pendant lesquelles B construira une histoire à la première personne.

• A dit le premier mot du texte : « Autobus ».

Aussitôt, B enchaîne une action mimée et un début d'histoire à partir de ce mot : il peut dire « J'attends l'autobus, mais il n'arrive pas. » Et il mime l'attente impatientée d'un voyageur à l'arrêt de bus.

• A dit le second mot du texte : « Plate-forme. »

B dit : « Tiens, voilà le bus. Il a une plate-forme à l'arrière. C'est un bus vraiment démodé ! »

• A dit la suite du texte : « Plate-forme d'autobus. C'est le lieu. »

B dit : « Je vais monter dans ce vieux bus et m'installer sur cette drôle de plate-forme ! » Et il mime le voyageur montant dans le bus, etc.

Comme pour un exercice d'improvisation, ce type d'activité peut se pratiquer « au pied levé », c'est-à-dire sans préparation de la part des participants, ou au contraire se préparer avant d'être joué devant le groupe rassemblé.

2 *Travailler la répartie*

Dans l'exemple proposé ci-dessus, B fabrique son propre monologue narratif à partir du texte. Mais l'idée de « fabriquer » un discours libre à partir d'un texte imposé offre aussi la possibilité de transformer un monologue en dialogue.

EXEMPLE À partir de la saynète « Abus de pouvoir »
Pièces et dialogues pour jouer la langue française, S. Hinglais, Retz, 1999.

Un personnage s'adresse à un autre personnage qui reste muet. La consigne sera d'imaginer les répliques du personnage muet.

A dit le texte appris, et B invente des répliques à sa guise.

A : Redresse-toi. (texte)

B : Oh ! Ça va ! Laisse-moi tranquille ! (spontané)

A : Pas comme ça, on dirait que tu as avalé un manche à balai… (texte)

B : Non mais tu t'es regardé ? (spontané)

A : Droit, mais normal… Normalement droit… Oh pis fais pas cette tête ! On n'est pas à un enterrement… (texte)

B : Je fais la tête que je veux. (spontané)

A : C'est pas trop moche ici. (texte)

B : Non, c'est plutôt sympa. (spontané)

Etc.

3 *Inventer une suite à un extrait de texte*

Un extrait de pièce, de scénario ou de dialogue dans un roman est choisi. Il est demandé aux participants de jouer l'extrait (mémorisé) et d'enchaîner sur une suite qu'ils imaginent. Un moment de préparation peut être nécessaire, mais l'enchaînement du dialogue inventé au dialogue imposé peut aussi très bien fonctionner en improvisation au pied levé.

EXERCICE 3

CRÉER À PARTIR D'UN TEXTE

Encourager l'écrit

OBJECTIF PARTICULIER

Montrer à quel point les pratiques de l'oral et de l'écrit se complètent et s'enrichissent l'une l'autre.

CONSEIL

Dans le domaine qui nous intéresse, l'écrit sera toujours envisagé dans son rapport avec l'oral.

1 *Écrire à partir d'une improvisation*

Après une séance d'improvisation corrigée (voir « la correction orale et écrite de l'improvisation »), il est très profitable pour l'apprenant d'écrire le dialogue qu'il a improvisé avec son ou sa partenaire. C'est là une occasion d'utiliser le vocabulaire appris et de redresser les formes fautives dont il aura pris conscience en improvisant.

Le dialogue écrit ne doit pas être conçu comme un calque du dialogue oral. Au contraire, l'apprenant gagnera à affiner les répliques en recherchant dans le dictionnaire le vocabulaire qui lui a manqué au moment de l'improvisation.

Les textes, corrigés par le professeur (ou animateur), donneront lieu, à la séance suivante, à une lecture à voix haute par leurs auteurs et à une discussion libre en classe ou en atelier.

Les saynètes les plus intéressantes pourront être apprises par cœur, et devenir un excellent matériel, original et personnalisé, pour faire travailler le groupe, (voir « Le français par les textes mémorisés »).

2 *Écrire à partir d'une histoire contée*

Le conte est un excellent exercice de pratique orale, intimement lié à la personnalité de chacun. En effet, la notion de « conte » ramène à l'enfance et aux racines, à la tradition, à l'acquis culturel le plus familier. Le conteur peut rester lui-même face à son public ; il est là pour faire passer le message, pour transmettre.

La séance de contes se prépare à l'avance. C'est l'occasion de parler ensemble des légendes, des mythologies, du féerique et du merveilleux qui hantent la conscience collective de chaque peuple.

L'étudiant, dont le français est la langue maternelle, apprendra à structurer son discours oral en contant. Afin de conserver l'intérêt de ses auditeurs et de se faire comprendre, il devra être clair dans son élocution comme dans l'enchaînement syntaxique et logique de son récit.

L'expérience est très intéressante aussi pour l'étudiant qui apprend le français comme langue étrangère. Avec le conte qu'il a choisi, il transmet aux autres un peu de son pays, de sa vie, de son imaginaire, de sa personnalité. Il racontera une histoire apprise dans sa propre langue, ce qui l'incitera à faire un travail préparatoire de traduction de sa langue en français.

Quoique le conte soit une activité d'oral, par définition, il ouvre également des perspectives à la production écrite :

– Soit le conteur écrit l'histoire et la fait corriger avant de la dire (non pas de la lire) ; il se prépare ainsi à faire moins d'erreurs syntaxiques et à utiliser un vocabulaire plus riche à l'oral.

– Soit, après avoir entendu le conte, les auditeurs l'écrivent, tel qu'ils l'ont retenu. Après correction des fautes de langue par le professeur (ou animateur), les « variantes » ou les malentendus que l'écrit aura révélés, par rapport à la version originale du conte, seront exposés en classe et discutés lors d'une autre séance.

3 *Écrire à partir d'un extrait de pièce de théâtre*

Un extrait de pièce, comme nous l'avons vu, permet de nombreuses exploitations orales : lecture à voix haute, mémorisation et jeu, improvisations, discussions sur les personnages et la mise en scène, etc. Mais toutes ces activités gagneront à être étayées par des recherches et des réflexions personnelles qui motiveront tout autant l'oral que la production écrite.

Sujets de productions écrites à partir d'un texte théâtral

– Demander aux apprenants de constituer un dossier écrit sur la pièce, avec une recherche biographique sur l'auteur, une recherche concernant l'époque où la pièce a été écrite et jouée, une opinion personnelle sur l'intérêt de cette pièce, etc.

– Demander aux apprenants d'écrire précisément comment ils imaginent les personnages (physiquement et psychologiquement), ce qu'ils envisagent à propos des costumes et du décor, et comment ils mettraient en scène le dialogue s'ils avaient à le faire.

– Demander d'écrire la suite du dialogue proposé ou ce qui l'a précédé (sous forme dialoguée ou narrative).

4 *Écrire une transposition théâtrale*

Le choix du texte à transposer est large. Ce peut être un extrait de roman ou de nouvelle, un conte, une fable, un poème, un article de presse. Il faut cependant prendre garde à sélectionner un texte où apparaissent des personnages bien définis, à qui l'on peut « donner la parole ».

Transposer un récit

« Le Nez », *Zadig* (2e chapitre), Voltaire, *Romans et contes,* Garnier Frères, 1960.

ÉTAPE 1 Une lecture en est faite, à la maison, en classe ou en atelier, suivie d'une discussion si quelques points ont besoin d'être expliqués pour une meilleure compréhension de l'histoire.

ÉTAPE 2 Les apprenants travaillent par petits groupes. Ils décident ensemble :
– des personnages qui entrent en scène : Azora, Zadig, Cador ;
– des moments déterminants du futur dialogue (5 moments).

EXEMPLE 1) Azora raconte avec indignation à son mari, Zadig, sa visite à une jeune veuve dont elle critique le manque de vertu.

2) Zadig invite son ami Cador et lui demande de l'aider à éprouver la vertu d'Azora.

3) Azora revient chez elle où on lui annonce que son mari est mort.

4) Cador vient consoler Azora et dîne avec elle. Il se plaint soudain d'un mal de rate et réclame le nez de Zadig mort pour se guérir.

5) Azora, déjà séduite par Cador, va au tombeau de son mari pour lui couper le nez, mais Zadig ressuscite pour lui faire la morale.

ÉTAPE 3 Un plan des scènes est mis en place, avec les grandes phases du dialogue à construire, ses articulations et ses transitions.

EXEMPLE Scène 1 : Azora et Zadig (discussion à propos de la veuve).

Transition : Zadig décide de mettre Azora à l'épreuve.

Scène 2 : Zadig et Cador (mise en place du stratagème).

Transition : Cador attend qu'Azora revienne de la campagne et annonce la mort de Zadig autour de lui.

Scène 3 : Azora et un domestique (annonce de la mort de Zadig).

Transition : Azora désespérée reçoit la visite de Cador.

Scène 4 : Azora et Cador (réalisation du stratagème projeté).

Transition : Cador fait semblant d'être malade.

Scène 5 : Azora et Zadig (humiliation d'Azora).

Remarque : Pour alléger le dialogue et lui donner une dynamique, un rythme enlevé, certaines simplifications seront nécessaires. Par exemple, à la scène 3, dans le plan proposé ci-dessus, Azora pourrait apprendre la mort de Zadig par Cador, et non par un domestique dont l'intervention n'ajoute rien à la scène.

ÉTAPE 4 Avant de se lancer dans la composition du dialogue, il est important d'inciter l'apprenant à bien distinguer les caractéristiques de l'écriture d'une pièce (dont les répliques sont conçues pour être dites à voix haute) par rapport à l'écriture d'un récit (conçu pour la lecture silencieuse).

Un registre de langue sera donc choisi en fonction du type de personnages, de leur milieu, de l'époque, etc. (argot, familier, courant ou soutenu).

L'écriture des répliques s'inspirera de la parole faite d'interjections, de phrases courtes, de silences, d'interpellations, de répétitions, etc.

Remarque : Le dialogue sera écrit individuellement ou en groupe, au choix du professeur (ou animateur). Une fois corrigées, les petites pièces pourront donner lieu à une lecture à haute voix par leurs auteurs, devant le groupe réuni.

De là, il n'y a qu'un pas pour arriver au travail de mémorisation et de mise en scène, dans la perspective d'une représentation théâtrale.

Transposer une fable

À partir de la fable « La Grenouille et le Bœuf », de Jean de La Fontaine.

Remarque : Cette fable présente deux avantages : d'une part, elle est courte, d'autre part elle est déjà dialoguée. Le travail de transposition sera donc orienté principalement sur la « modernisation » de la conversation. Comment les deux grenouilles de l'histoire parleraient-elles aujourd'hui, si elles se trouvaient confrontées à la même situation ?

ÉTAPE 1 Lire en commun la fable ; discussion et commentaires sur le sens du texte.

ÉTAPE 2 Déterminer les personnages, au nombre de trois, que l'on appellera ici, pour simplifier : Grenouille 1, Grenouille 2, Le bœuf (beaucoup d'autres noms sont possibles).

ÉTAPE 3 Découper la fable en « actes », suivant les moments importants de la conversation.

ÉTAPE 4 Actualiser le dialogue. Pour cela, il est possible de fabriquer, avec les apprenants une « fiche de préparation », qui fait ressortir les intentions et les émotions des personnages, et offre des amorces de dialogue.
Une fois les amorces de dialogue choisies, chacun complète la conversation à sa guise.
Ce travail sur le dialogue à compléter peut se faire individuellement ou en petits groupes. Pour la suite, le dialogue est joué et mis en scène.

Voici un exemple de fiche préparatoire élaborée avec les apprenants :

3 personnages : Grenouille 1, Grenouille 2, le bœuf.

ACTE 1 *Grenouille 1 voit un bœuf. Elle s'écrie :*

— Oh !.. .

Grenouille 2 essaie de calmer l'enthousiasme de sa sœur :

— Écoute, franchement.. .

Le bœuf jette un coup d'œil dédaigneux aux grenouilles et se dit à lui-même :

Tiens, ..., ...

ACTE 2 *Grenouille 1 se compare tristement au bœuf :*

C'est honteux que je.. ,

alors que lui, il est.. .

Grenouille 2 proteste et essaie de lui remonter le moral :
— Mais non voyons ! Malgré.. .
En tout cas.. .
Le bœuf soupire et se fait quelques réflexions :
Je me demande.. .

ACTE 3 *Grenouille 1 décide de tenter sa chance :*
— Je vais.. .
Grenouille 2 veut la dissuader :
— Je t'en prie ! Ne.............. .Tu risques de.. .
C'est dangereux de........ .Tu devrais... .
Le bœuf détourne la tête. Il commence à en avoir assez :
J'en ai marre de leurs histoires. J'aimerais bien que.. .

ACTE 4 *Grenouille 1 a réussi à grossir un peu; toute réjouie, elle prend sa sœur à témoin :*
— Ma sœur, regarde-moi ! J'ai.. .
Je suis sûre que...................... . Est-ce que... ?
Grenouille 2 doit lui avouer qu'elle est encore loin du résultat espéré :
— Très bien, mais......... . Je crois que... .
Il faudrait peut-être que.. .
Le bœuf rit sous cape :
Ces bestioles sont vraiment.. .

ACTE 5 Grenouille 1 se fâche contre sa sœur :
— Tais-toi ! Laisse-moi.... et n'essaie pas de... .
Je veux que.................... et je vais continuer à.. .
Grenouille 2 répond avec ironie :
— Alors vas-y ! Puisque... .
Le bœuf lui aussi devient ironique :
— Ça m'étonnerait que.. .

FINAL *La grenouille 1 a explosé.*
Réflexion de Grenouille 2 :
— Hélas !... .
Réflexion du bœuf :
— Bien fait !... .

Remarque : Les fables de La Fontaine offrent un excellent matériel pour la transposition théâtrale. Dans l'exemple ci-dessus, les personnages de la saynète restent des animaux. Mais il est possible de remplacer les animaux de certaines fables par des êtres humains de notre époque. Dans la fable *Le Loup et le Chien*, le loup peut devenir un clochard, et le chien un fonctionnaire. Dans *Le Loup et l'Agneau*, le loup peut se transformer en délinquant qui agresse une victime. La situation et les personnages ainsi actualisés ouvrent de larges champs à l'imaginaire et à la créativité des apprenants, pour travailler leur expression en langue française (voir « Fables », dans *Pièces et dialogues pour la langue française,* S. Hinglais, Retz, 1999).

Bibliographie

Cette liste de textes à exploiter pour des activités d'expression et d'échanges n'est pas exhaustive.

ŒUVRES DU MOYEN ÂGE AU XXE SIÈCLE

Moyen Âge

Les Farces du Moyen Âge, Flammarion, GF n° 412, 1984.

Théâtre comique du Moyen Âge, UGE, « Bibliothèque médiévale », 10/18 n° 752, 1982.

XVIIe siècle

MOLIÈRE, *Œuvres complètes,* le Seuil, 1962.

Jean de LA FONTAINE, *Fables,* Gallimard, coll. Folio, n° 2246, 1991.

XVIIIe siècle

VOLTAIRE, *Romans et Contes,* Garnier Frères, 1960.

XIXe siècle

Georges FEYDEAU, *Théâtre*, Omnibus, 1994

Alfred JARRY, *Ubu roi*, Gallimard, coll. Folio, n° 980, 1997.

Victor HUGO, *Ruy Blas*, *Lucrèce Borgia, Marie Tudor, Angelo Tyran de Padoue,* Flammarion, GF n°324,1979.

Alfred DE MUSSET, *Théâtre* 1 et 2, Gallimard, coll. Livre de poche Classique, 1967.

XXe siècle

Michel AZAMA, *Zoo de nuit,* Théâtrales, 1995.

Josiane BALASKO, *Nuit d'ivresse,* Actes Sud Papiers, 1990.

Samuel BECKETT, *Fin de partie,* Les Éditions de Minuit, 1975.
– *Eleuthéria,* Les Éditions de Minui, 1995.

Jean-Marie BESSET, *Ce qui arrive et ce qu'on attend,* Actes Sud Papiers, 1994.

François BILLETDOUX, *Théâtre*, La Table Ronde, 1961.
– *Brèves d'auteurs,* Actes Sud Papiers, 1993.

Peter BROOK et Marie-Hélène ESTIENNE, *L'homme qui…,* Actes Sud Papiers, 1998.

Albert Camus, *Caligula,* suivi de *Le Malentendu,* Gallimard, coll. Folio, n° 64, 1972.

Jean-Claude Carriere, *La Terrasse,* Actes Sud Papiers, 1997.

Copi, *Une visite inopportune*, Christian Bourgois, 1999.

Raymond Devos, *Matière à rire*, Plon, 1994.

Marguerite Duras, *Théâtre I et II,* Gallimard, 1991.

Xavier Durringer, *Ball-trap,* Théâtrales, 1994.

Olivier Dutaillis, *Les Grandes Personnes,* Actes Sud Papiers, 1990.

Jean Giono, *La Femme du boulanger, Le bout de la route, Lanceurs de graines,* Gallimard, coll. Folio, n° 1079, 1995.

Jean Genet, *Les Bonnes,* Gallimard, coll. Folio, n° 1060, 1988.

Jean Giraudoux, *Théâtre complet,* La Pochothèque, 1991.

Jean-Claude Grumberg, *Les Courtes,* Babel, 1995.
– *Rêver peut-être,* Actes Sud Papiers, 1999.
Eugène Ionesco, *Le Roi se meurt,* Gallimard, coll. Folio, n° 361, 1988.
– *Macbett,* Gallimard, coll. Folio, n° 694, 1994.
– *Rhinocéros*, Gallimard, coll. Folio, n° 816, 1990.

Bernard-Marie Koltes, *Le Retour au désert,* Les Éditions de Minuit, 1993.
– *Roberto Zucco*, Les Éditions de Minuit, 1996.

Serge Kribus, *Le Grand Retour de Boris S*, Actes Sud Papiers, 1993.

Milan Kundera, *Jacques et son maître,* Gallimard, coll. Le manteau d'Arlequin, 1995.

Véronique Olmi, *Le Jardin des apparences,* Actes Sud Papiers, 2000.

Robert Pinget, *Architruc,* Les Éditions de Minuit, 1988.
– *Autour de Mortin,* Les Éditions de Minuit, 1993.

Raymond Queneau, *Contes et propos,* Gallimard, coll. Folio, n° 2127, 1990.
– *Exercices de style,* Gallimard, coll. Folio, n° 1363, 1991.

Tristan Remy, *Entrées clownesques,* L'Arche, 1991.

Noëlle Renaude, *Madame Ka,* Théâtrales, 1999.

Yasmina Reza, *Théâtre,* Albin Michel, 1997.

Éric Rohmer, *Le Trio en mi bémol,* Actes Sud Papiers, 1988.

Jules Romains, *Knock,* Gallimard, coll. Folio, n° 60, 1972 (Vidéo du film avec Louis Jouvet.)

Nathalie Sarraute, *Pour un oui ou pour un non,* Gallimard, 1999.

Jean-Paul Sartre, *Les mains sales,* Gallimard, coll. Folio, n° 806, 1994.
– *La P... respectueuse,* Gallimard, coll. Folio, n° 868, 1996.
– *Huis clos,* Gallimard, coll. Folio, n° 807, 1996.

Coline SERREAU, *Quisaitout et Grobêta,* Actes Sud Papiers, 1998.

Jean TARDIEU, *La Comédie du langage,* suivi de *La Triple Mort du client,* Gallimard, coll. Folio, n° 1861, 1987.

Boris VIAN, *L'Équarrissage pour tous,* Pauvert/Christian Bourgois, 1965.

THÉÂTRE

Pour des textes de théâtre adaptés à différents âges, voir la collection « Expression théâtrale » des éditions RETZ, et la collection « Théâtre en scène » des éditions Magnard.

Pour les niveaux primaire et élémentaire, voir aussi la collection « Comptines en dialogues » aux éditions Albin Michel.

SCÉNARIOS DE FILMS

Quelques exemples tirés de *Les Dialogues culte du cinéma français,* (Larousse-Bordas, 1999.) :

– *À nos amours,* de Maurice PIALAT

– *Jeux interdits,* de René CLÉMENT

– *Cléo de 5 à 7,* d'Agnès VARDA

– *Tchao Pantin,* de Claude BERRI

– *Trois hommes et un couffin,* de Coline SERREAU

– *Un air de famille,* de Cédric KAPLISCH

Maquette et réalisation : Studio PRIMART
Préparation et corrections : Florence RICHARD
Coordination éditoriale : Sylvie CUCHIN
N° d'éditeur : 1142
N° projet : 10125924 - D.L. décembre 2001

Imprimé en France en juillet 2005 par EUROPE MEDIA DUPLICATION S.A.S.
53110 Lassay-les-Châteaux
N° 13848